编　委　会

顾　　问：侯莉敏　彭琦凡

主　　编：隋玉玲

副 主 编：林　琼　彭如玲　鲍钰清

指导教师：（按姓氏笔画排序）

宁杨静　孙楠楠　刘冰灵　林　琼　郑景云

徐秀美　郭　婷　隋玉玲　彭如玲　鲍钰清

赖　薇

活动实施与编写：（按姓氏笔画排序）

马嘉曦　刘汐汐　李　立　吴莉莉　肖杏影

余晨晨　杨凌燕　杨慧媛　陈　旻　陈筱倩

陈梦情　张莉娜　范诚琳　周思祺　郑景云

郑　蕊　俞海玲　祖桂枝　贺菲尔　徐秀美

徐文靓　游屏田

幼儿园"关爱课程"丛书

根植幼儿生活的主题教育活动

隋玉玲 主编

海峡出版发行集团 ｜ 福建教育出版社

图书在版编目（CIP）数据

根植幼儿生活的主题教育活动/隋玉玲主编. —福州：福建教育出版社，2021.5（2022.6重印）
（幼儿园"关爱课程"丛书）
ISBN 978-7-5334-8993-9

Ⅰ．①根… Ⅱ．①隋… Ⅲ．①活动课程－教案（教育）－学前教育 Ⅳ．①G613

中国版本图书馆CIP数据核字（2021）第040660号

幼儿园"关爱课程"丛书
Genzhi You'er Shenghuo de Zhuti Jiaoyu Huodong

根植幼儿生活的主题教育活动

隋玉玲　主编

出版发行	福建教育出版社
	（福州市梦山路27号　邮编：350025　网址：www.fep.com.cn
	编辑部电话：0591-83726908　83727542
	发行部电话：0591-83721876　87115073　010-62024258）
出 版 人	江金辉
印　　刷	福建省地质印刷厂
	（福州市金山工业区　邮编：350011）
开　　本	710毫米×1000毫米　1/16
印　　张	16.75
字　　数	240千字
插　　页	2
版　　次	2021年5月第1版　2022年6月第2次印刷
书　　号	ISBN 978-7-5334-8993-9
定　　价	42.00元

如发现本书印装质量问题，请向本社出版科（电话：0591-83726019）调换。

序

自从2001年《幼儿园教育指导纲要（试行）》颁布以来，全国各地掀起了幼儿园整合性课程改革的热潮，20年过去了，如果要用一些关键词来概括这一轮改革中的成果经验和突出特点的话，"生活化"应该是其中之一。

什么是生活？杜威认为，生活就是个体"通过对环境的行动的自我更新过程"，而"教育即生长，教育即经验的改造，教育即生活"。由此可见，教育不应该是生活的准备，而是儿童当下生活的过程，教育应当与生活联结，回归幼儿本真的生活，以保障幼儿身心和谐健康发展。在群体生活中，每个人既被文化塑造，又创造着新的文化，在真实的生活情境中实现着个体和群体的共同发展，从这个角度上说，幼儿园生活应该是幼儿和教师的"共同生活"。那么什么又是幼儿园的共同生活呢？幼儿园的共同生活指在一定的时间和空间中，由幼儿园里的人、事、物共同组成的集体，遵循彼此共同达成的目标和认可的规则，通过持续不断的共同活动及对话，形成密切的情感关系，以促进共同成长的自我更新的过程。在此过程中，我们期望基于幼儿园的共同生活，让幼儿园里的人、事、物都回归到原本生活的样子，帮助幼儿在生活中完成经验生长的自我建构。

近年来，我欣喜地看到许多幼儿园的课程开始关注儿童的生活，越来越多的幼儿园活动来源于儿童的兴趣和需要，努力地朝着迈向幼儿和教师的共同生活靠近。大家也在前进的道路上逐步达成共识，"儿童中心"并不是一味地追随幼儿的兴趣、将儿童的生活当作共同生活的全部，教师的生活同样重要，并不是生活在同一个时空中就可以称之为"共同生活"，相反，若师幼之间能保持不断的共同活动、对话和密切的情感关系，这种共同生活便可让幼儿和教师的经验超越一时一地的限制，共生共长。

那么，如何让幼儿园的主题活动真正走向共同生活？就让我们走进福建幼儿师范高等专科学校附属第一幼儿园的课程故事：一起品尝劳作结出的果实，这是丰收的喜悦；一起经历一场暴雨把精心培植的菜苗淋得稀烂，这是失败的懊恼；一起面对养殖的小动物死亡，这是与生命告别的哀伤；一起告别熟悉的园舍来到条件有限的过渡园区生活，这是无可奈何、苦中作乐；一起靠自己的力量规划设计新园并欢欢喜喜地搬进去，这是梦想成真的欢乐……这些记载师幼共同生活的课程故事，凝聚着幼儿和教师丰富的情感体验，更是呈现着师幼互动中高质量的教师支持以及幼儿园倡导的关爱课程内涵。期望所有的读者都能在课程故事中思考答案，获得启迪，因为这是教师从事实践性研究的最好方法，正是通过这些与幼儿共同生活的故事，教师们方能见课程，见儿童，见自己。

侯莉敏

2021 年 1 月

前　言

　　福建幼儿师范高等专科学校附属第一幼儿园（原福建省福州幼儿师范学校附属幼儿园）作为全国贯彻《幼儿园工作规程（试行）》十所试点园之一，自1990年开始，探索幼儿园活动课程建构，逐步打破分科课程、教学为主的局面，在多年来关注幼儿兴趣、需要和实际水平的基础上，形成了"以爱育爱"的园本文化，初步架构了"关爱课程"雏形。2001年后，在《幼儿园教育指导纲要（试行）》《3—6岁儿童学习与发展指南》精神指引下，我们秉承"以幼儿为本，以适宜的生活、活动环境为载体，通过良好的师幼互动，促进幼儿主动且富有个性地学习与发展"的教育理念，持续研究幼儿的生活与需要，不断构建和完善园本"关爱课程"体系，"根植生活，观照一生发展"是"关爱课程"的核心理念。

　　如何将核心理念融入课程的编制中呢？如果将课程比作一个天平的话，那么一端是儿童的天性与需求，另一端则是教育的目标。因此，我们思考："根植生活"是尊重儿童的天性和需要，反映出关爱课程生发于幼儿的当下生活和未来生活、物质生活和精神生活，这是编制课程的"经线"。"观照一生发展"是探寻教育目标，是围绕幼儿和周围环境的三对关系——人与自我、人与他人、人与环境的关系，培养幼儿形成爱自己、爱他人、追求生活中的真与美的良好品质，从而终身受益，这是编制课程的"纬线"。经纬交织，我们的主题活动便以"熟悉的周围生活，共同感兴趣的事物，共同经历的社会热点事件，节日生活"四个板块展现了儿童生活的不同侧面。

　　实施主题的过程是幼儿主动学习的过程：《一步一步爱上幼儿园》呈现的是新小班幼儿从家庭步入幼儿园必经的成长之路；《奇妙的地铁》体现的是幼儿对社会生活中出现新生事物的好奇与探索之旅；《福州小吃真

美味》展现的是幼儿从探寻福州小吃到自主筹备新年美食节的体验过程……这些主题活动真实地记录下了幼儿当下的生活历程和状态，既是幼儿的生活过程又是幼儿的学习过程。幼儿从生活中开始、展开，在主题活动进程中获得相应的知识、经验与能力，最终又回归生活，更好地学习与发展自我。实施主题的过程也是教师在解读幼儿学习与发展后，充分考虑幼儿当下生活与未来生活之间的有机联系，支持和帮助幼儿逐步形成适应未来社会和终身发展所需的必备品格和带得走的能力。

本书是近年来我园"关爱课程"实践探索的成果，也是不断夯实和有效促进幼儿园保教质量提升获得的成果。为了方便读者的借鉴与运用，我们选取了16个具有代表性，涵盖小、中、大不同年龄段，凸显"根植幼儿生活"的主题教育活动案例，按照主题由来、活动目标（包括总目标和子目标）、主题网络图、环境与资源、典型案例（包括案例描述、教师解读）、反思与感悟等六个模块来呈现，并配以相应的照片加以说明，希望能为广大一线教师开展主题教育活动提供较为直观的思路。典型案例的描述、反思与感悟的阐述，则有助于一线教师进一步理解主题教育活动实施背后蕴含的教育观和课程理念。

"积跬步以致千里，积小流以成江海。"本书是我园管理者和教师实践研究与集体智慧的结晶，感谢她们群策群力，汇集自己的点滴智慧，让"关爱课程"的理念得以在这些贴近幼儿生活的主题活动中呈现。感谢侯莉敏、彭琦凡教授对我园"关爱课程"建构与实施的专业引领，感谢鲍钰清、赖薇、郭婷、孙楠楠四位老师对案例文本撰写的精心指导。由于"关爱课程"还需要进一步实践与完善，本书还存在不足之处，恳请各位专家、同行和读者们谅解与指正。我们将持续、深入地研究幼儿的生活和需要，坚持基于"根植幼儿生活、观照一生发展"的理念来不断建构和完善我们的"关爱课程"，不断成就幼儿、教师和家长共同成长。

目 录

小班主题教育活动
 一步一步爱上幼儿园 \ 3
 玉米我喜欢 \ 18
 你好，蛋宝宝 \ 35
 我爱我家 \ 48

中班主题教育活动
 奇妙的地铁 \ 65
 福州小吃真美味 \ 85
 有趣的石头 \ 100
 蚕宝宝饲养记 \ 118
 小燕子，我们爱你 \ 137

大班主题教育活动

我们搬家啦 \ 159

新园的树 \ 172

快乐小菜农 \ 187

我的早点我做主 \ 205

美味春卷 \ 218

三号餐饮 \ 233

可爱的小虫子 \ 245

小 班

主题教育活动

一步一步爱上幼儿园

一、主题由来

分离焦虑是小班幼儿初入园时的突出问题。幼儿离开熟悉的家庭环境和父母的怀抱，来到陌生的环境里，容易产生哭闹不安等消极情绪。为了缓解幼儿的分离焦虑，让他们在集体生活中感到温暖、愉悦，与老师和同伴建立安全感、信赖感，我们在园本"关爱课程"理念的指导下，接纳幼儿不同的情绪状态，倾听了解幼儿的心声，从充分满足幼儿的安全需要入手，开展了主题活动"一步一步爱上幼儿园"，引导和支持幼儿适应在园午休、进餐、游戏等活动，帮助幼儿尽快适应集体生活，进而使幼儿逐步爱上幼儿园。

二、活动目标

（一）总目标

1. 情绪较稳定，能在成人的安抚下尝试调节情绪，喜欢并逐渐适应集体生活。
2. 愿意亲近老师和同伴，学会用拥抱、拉手等方式表达爱的情感。
3. 初步建立日常生活常规，愿意在园进餐、午休。
4. 愿意与同伴一起游戏，初步了解与同伴交往的基本方法与规则。
5. 愿意在成人的帮助下尝试解决生活、游戏中遇到的问题。

(二)子目标

活动一　想妈妈

1. 了解自己和同伴想妈妈时的想法和心情。
2. 愿意表达自己的感受，尝试与同伴共同想办法宣泄消极情绪。
3. 能用自己喜欢的方式表达对妈妈的爱和想念。

活动二　我不想睡觉

1. 了解午睡对身体健康的好处。
2. 愿意尝试在园午睡，懂得基本的午休常规要求。
3. 在教师引导下，学习用适宜的方式排解午休时的焦虑情绪。

活动三　我不想吃饭

1. 了解各种食物的营养对身体健康的益处。
2. 能表达进餐过程中的想法与需求，愿意倾听和接受老师的建议。
3. 在教师引导下尝试在园进餐，初步养成良好的餐饮习惯。

活动四　我喜欢玩……

1. 愿意与老师一起创设游戏区角，玩自己爱玩的游戏。
2. 喜欢与同伴一起游戏，了解基本的交往方式方法。
3. 愿意与同伴交流游戏过程、分享游戏快乐，激发喜欢上幼儿园的愿望。

三、网络图

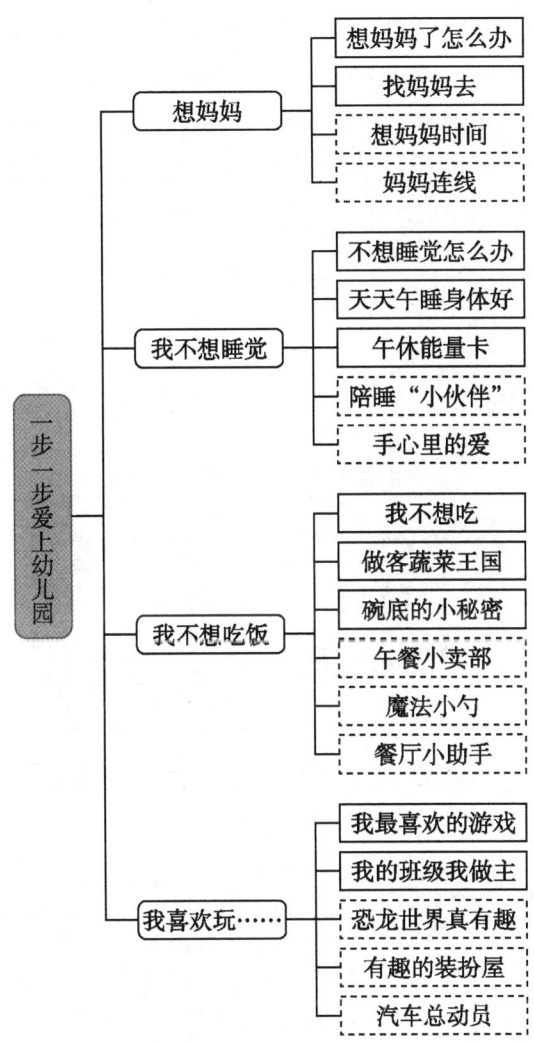

备注：实线部分为教师预设的活动，虚线部分为幼儿生成的活动

四、资源与环境

主题墙以活动照片的方式，呈现了幼儿梯度入园四部曲：熟悉班级环境——了解生活规则——熟悉班级同伴——参加丰富活动，让幼儿一步步爱上幼儿园。充满温馨童趣的"娃娃家""恐龙乐园""汽车玩具城"等活动区角，充分体现了小班幼儿的年龄特点，满足了幼儿快乐游戏、同伴交往的需要。"全家福"照片墙饰、"能量加油站"操作墙面等，帮助幼儿缓解想念爸爸妈妈的情绪，引导幼儿养成良好的生活习惯，使幼儿逐渐适应幼儿园集体生活。

（一）环境创设

1. 主题墙。

第一步　参观幼儿园　　第二步　亲子半日活动

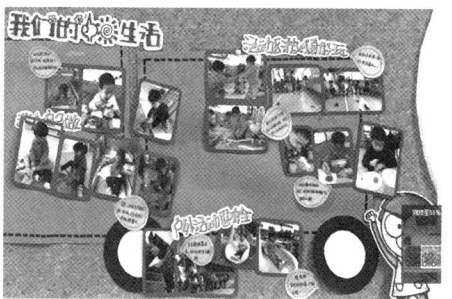

第三步　亲子郊游　　第四步　我们的一日幼儿园生活

2. 活动区角。

娃娃家

阅读角

恐龙乐园

汽车总动员

3. 其他。

我的全家福

多喝水，补充能量

 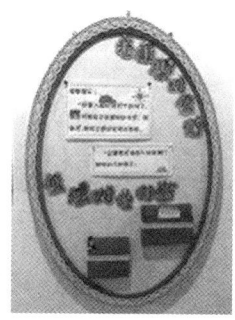

玩一玩真有趣　　　　　温馨的家园互动栏

（二）资源利用

邀请家长助教，开展家长进课堂系列活动。

五、典型案例

案例一

哭 十 下

星期一上午，从幼儿园走廊传来了玲玲小朋友大哭大闹的声音"我不要上幼儿园，我要妈妈"。教师从妈妈手中接过玲玲，把玲玲抱在怀里，轻抚玲玲的后背说："玲玲，两天不见，我都想你啦。乖孩子，老师爱你哦。""好孩子别担心，老师陪着你！""瞧，今天我带了件神秘礼物，你想看看吗？"……

玲玲的哭声渐渐减弱了，教师把玲玲抱坐在腿上，让其他孩子围坐在身边。

教师："你们知道玲玲怎么了？"

浩浩："她哭了，她是想妈妈了！"浩浩的话音刚落，玲玲又哭了起来，萱萱和祥祥也跟着小声抽泣着。

教师："你们为什么哭呀？"

东东："他们也想妈妈了！"

西西："我也想妈妈了"……活动室里的讨论声多了起来。

教师："妈妈上班去了，见不到她，你们心里很难过，是吗？"孩子们频频点头，教师安慰道："是呀，当我们遇到难过的事情时，会很想哭，这很正常，哭一会儿，伤心就会变成眼泪一滴滴地流走，这样心里就会舒服点！"孩子们静静地听着。

教师："还记得上次我们听的故事里，小兔子上幼儿园一直哭个不停，最后怎么样了？"

力力："小兔子的眼睛哭红了，妈妈都认不出它了。"

教师："是啊，一直哭小眼睛会疼的，那伤心难过的时候要哭多久呢？"

松松："一百下！"

衿衿："一百下太多了，会哭累的！"

点点："哭十下！"

"好，哭十下！"孩子们达成了共识：伤心难过的时候，可以哭十下！

教师接着说："如果遇到难过的事情，可以想想开心的事，玩好玩的玩具，心情也会好起来。如果忍不住想哭的时候可以专心地哭十下！不能哭太久哦！""好！"孩子们齐声回答。教师低头问玲玲："你现在还想哭一会儿吗？"玲玲点点头。"我们一起帮玲玲数十下好吗？""一、二、三……九、十！"在大家的陪伴下，玲玲、萱萱认真地哭了十下，然后擦干了眼泪……

[评析：分离焦虑是小班新生入园初期普遍存在的问题。对于还没有对教师产生依恋的小朋友来说，晨间和妈妈分开的一刻堪比"生离死别"。当幼儿出现入园哭闹，不愿与父母分开的现象时，教师要接纳、共情幼儿的情绪，用轻柔的肢体动作、爱的语言拉近与幼儿的距离，进行"情感存款"，以获得幼儿对教师的信任。小班幼儿情绪调节能力较差，教师要了解这一特点，接纳幼儿的情绪，允许幼儿用自己的方式宣泄情绪，不可一味压抑幼儿的情绪。但情绪宣泄要有个度。为了引导幼儿学会控制情绪，教师把宣泄的度进行了时间量化，给孩子们一个情绪缓冲的过程，在一到十的点数过程中，帮助幼儿转移注意力，逐渐平复心情。]

案例二

找妈妈去

晨间入园时,灏灏在活动室门外抱着妈妈不撒手。妈妈因为上班快迟到了,匆匆挣脱了灏灏的手臂,把他塞进活动室就离开了。灏灏又急又气,大哭着冲向门外。教师赶忙走过去,抱起了灏灏,拍拍他的后背说:"刚才你还没和妈妈说再见,妈妈就离开了是吗?"灏灏点点头。已经泣不成声的他,嘴里还呜呜地嘟囔着。教师说:"一边哭一边说话,我都听不清了,我们先哭十下再说,好吗?"灏灏哭了十下,情绪渐渐平复,他说:"我要去找妈妈。"教师问:"妈妈在哪里呢?"灏灏说:"她去上班了,我知

拉着老师找妈妈

道妈妈的单位在哪里,坐 72 路车!"教师边帮灏灏擦干眼泪,边爽快答应:"好的,我陪你去!要去哪里找呢?"灏灏指着来时的方向说:"妈妈刚才从这里走的。"

教师跟着灏灏,沿着走廊走到幼儿园大门口,大门外空荡荡的。"该往哪边走呢?"灏灏也迷糊了。教师提议:"我们问问保安叔叔吧!"灏灏走到保安叔叔面前,小心翼翼地问道:"保安叔叔,我的妈妈去哪啦?"保安叔叔说:"妈妈去上班了,放学时候就来接你了!"听了保安叔叔的话,灏灏还是执意要去找妈妈。教师便牵着灏灏的手站在幼儿园大门口。保安叔叔又说

保安叔叔耐心劝导

道:"大街上有很多汽车和陌生人,很危险。如果你现在出门了,妈妈来幼儿园就接不到你,该怎么办?"教师也随声附和道:"在幼儿园里老师、保安叔叔会保护大家的安全,小孩子不能自己走出幼儿园大门。现在我们一起去玩托马斯火车,下午玩完滑滑梯妈妈就来接你啦。"

灏灏望望幼儿园外空荡荡的马路,说:"找不到了,我要在班上等妈妈!"说完拉着教师的手回到活动室。接下来,教师请灏灏当小老师,把刚才找妈妈的结果和小朋友们分享,还告诉小朋友们来到幼儿园后不能自己去找妈妈,要在幼儿园里等妈妈来接。衿衿还补充道:"我妈妈说自己到处乱跑会迷路,会被陌生人带走的!"最后,小朋友们都达成了共识——"要在幼儿园等妈妈"。

[评析:许多幼儿在入园后会吵着要去找妈妈,教师的安慰和劝说也无济于事。一味地向幼儿说"不",反而会强化幼儿要出去找妈妈的想法。简单地锁上大门,则会把幼儿的心阻隔在园外。教师通过给幼儿尝试去找妈妈的机会,引导幼儿发现自己找妈妈的方法并不合适,也没有想象中那么容易。教师邀请了幼儿园安全权威的代言人——保安叔叔向幼儿介绍来园离园的安全事宜,让幼儿明白不能随便离开集体,要在班级等待家长接送的道理。"第三方"保安叔叔适度地介入,也更容易让孩子接受在园等妈妈更安全这一事实。]

案例三
想妈妈了怎么办

最近,"想妈妈"成了小班孩子之间交流的热门话题。教师在家长微信交流群里推送了孩子们讨论"想妈妈"的花絮,向家长介绍了"想妈妈"的活动安排,要求家长们配合协助,在家与孩子一起讨论"在幼儿园想妈妈了怎么办"的话题。

第二周,班级开展了"想妈妈了怎么办"集中教学活动,孩子们围绕着话题展开讨论,一起分享交流自己和爸爸妈妈想到的好办法。

小原迫不及待地站了起来说:"我是妈妈的心肝宝贝,妈妈也是我的宝贝,我可以放在心里想。"说着把双手放在胸口。涵涵小声说:"我妈妈说,想妈妈的时候可以抱抱布娃娃,就像抱着妈妈一样。"小予从口袋掏出几张纸条说:"这是妈妈给我的魔法亲亲,放在口袋就不想妈妈啦!"熙熙举起右手,露出了套在手上的发圈:"这是妈妈的皮筋,想妈妈的时候可以摸一摸。"玲玲说:"很想妈妈的时候可以哭十下。"衿衿说:"可以深呼吸,就像这样。"说完大口地呼吸起来……教师说:"宝贝们太棒啦!你们都想出了这么多的好办法,下次想妈妈的时候,我们可以试试这些好办法,看看哪种办法能让你的心情好起来!"

[评析:3—4岁的幼儿离开最亲密的抚养人到了陌生环境,想妈妈、想家人是很正常的。在入园适应期幼儿常常谈"妈"色变,教师会有意避开这个敏感话题,但是想妈妈的情绪却一直萦绕在孩子的心中。通过亲子讨论、班级集体讨论,引导孩子思考在幼儿园想妈妈了怎么办,分享孩子们和家长想出的独特缓解思念之情的方法,让孩子们在说一说的过程中,排解了思念之苦,也学会了缓解之法。]

案例四

想妈妈时间

早上翔翔来到幼儿园,看到妈妈远去的背影,忍不住又嚎啕大哭起来。这样的情绪也影响到了其他孩子。致远也眼泛泪光地跑过来,对教师说:"老师,我也有点想妈妈了。"

"你们都想妈妈了吗?"教师问道,"那我们一起来想妈妈吧。"

孩子们围坐在教师身边。"我们一起把妈妈放在心里,紧紧抱住她。准备好了吗?"教师一边说一边把双手在胸前抱紧。孩子们也跟着把

温馨的想妈妈时间

双手在胸前抱紧。教师又问:"想妈妈是件幸福开心的事,那我们是哭着想还是笑着想妈妈呢?""我要笑眯眯地想妈妈。"衿衿说道。"把妈妈放在心里想,抱着她。"璋璋边说边把手抱得更紧了。

"我们可以想和妈妈在一起做什么开心的事呢?"教师又问。原原说道:"可以想妈妈漂亮的脸。""我想和妈妈一起吃蛋糕。""我想和妈妈一起去公园。"……小朋友们纷纷说出想和妈妈一起做的开心事情。

教师微笑着说:"这么多开心的事,妈妈知道了一定也会很开心的。让我们闭上眼睛,抱住妈妈(双手做拥抱状),开始想妈妈吧!"教室里一片寂静,小朋友们闭上眼睛,投入地想着自己的妈妈,有的嘴里还喃喃自语。教师轻声地哼唱歌曲《我的好妈妈》,有的小朋友也跟着哼唱了起来,多么温暖幸福的想妈妈时光啊!

你看,我想得多投入啊

〔评析:想妈妈是宝贝们对妈妈亲密的牵挂,为满足他们对妈妈的思念之情,班级内有了一个约定:每天上午点名时间后,设定了"想妈妈时间"。在这段时间里,孩子们把双手抱在胸前,闭上双眼,一起哼唱歌曲《我的好妈妈》。孩子们全情投入,享受着想妈妈的美好时光。这样富有仪式感的环节宣泄了孩子们与家人分别之后的伤心情绪,满足了孩子们思念妈妈的情感。孩子们在这一想象过程后,心情得以平复,进而能专心地投入后续的游戏活动。〕

案例五

爱要说出口

正正自入园以来,很喜欢也很适应幼儿园的生活,每天早上总是带着灿烂的笑容来到幼儿园。

今天，正正却一反常态大哭大闹，还不时地看看教师的反应。教师抱了抱正正，摸了摸他的头，正正马上停止了哭泣，开心地玩游戏。

教师和正正的妈妈沟通交流后，了解到正正入园哭泣的原因。原来，正正认为教师每天都会牵着、抱着哭鼻子的小朋友，教师喜欢的是爱哭的小朋友。

[评析：3—4岁的小班幼儿正处于直觉形象思维发展的阶段，他们常常只能看到事物的表象，对爱的理解很直观，认为亲一亲、抱一抱才是爱。正正虽是一个生活适应能力、自理能力都很强的孩子，但每天晨间来园时，看到教师总是牵着哭鼻子的小朋友在活动室外谈心，安慰他们、陪伴他们。正正的内心也渴望得到教师的爱，希望在教师这里得到归属感，便出现了案例中的那一幕。为此，我们在入园和离园环节开设了"爱的抱抱"时间，在晨间入园的时候，教师带着甜蜜的微笑给孩子们一个暖暖的拥抱，说一句"我爱你，我想你了"，让教师和每位小朋友进行零距离的爱的接触，让每个小朋友都感受到教师直观的爱。]

案例六

手心里的爱

午睡时间，安静的寝室传来了抽泣声，教师循着声音来到了涵涵身边，发现涵涵正躲在被窝里哭。

"宝贝，怎么了？"教师轻拍着涵涵的后背问道。

"我要老师陪我睡觉！"涵涵躺在床上，紧拉着教师的手不放开。教师轻轻地坐在她身边，拍着她的后背安抚道："好的，我在你的身边！"涵涵情绪马上稳定了。

过了一会儿，教师皱着眉头，捂着肚子向涵涵提出"申请"："我还没吃午饭呢，肚子好饿呀！我能吃完午饭，下午上班的时候再来陪你吗？"涵涵摸了一下教师的肚子，犹豫了一下。

教师拿来彩笔说："这样吧，我把我的爱心画在你的手心，让它陪着你睡可以吗？""你来选一个你喜欢的颜色吧！"没等涵涵回答，教师递上了彩笔。

涵涵选择了她最喜欢的红色，一颗红色的爱心出现在她的手心。涵涵笑了，她把爱心紧紧地握在手心，安心地躺下，静静入睡！

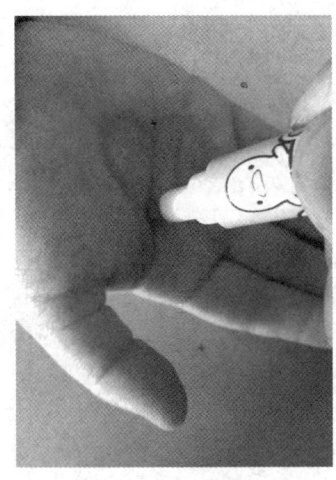 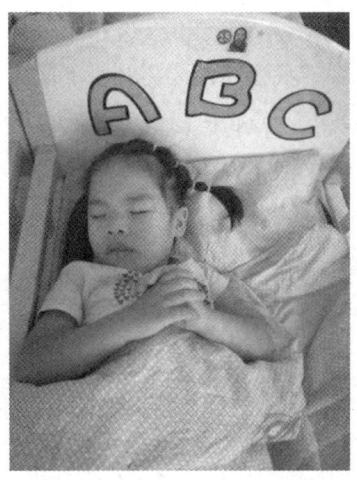

手心里甜甜的爱　　　　　手心里的爱相伴甜蜜入梦乡

［评析：午休时间也是焦虑情绪高发的时段，有的幼儿习惯于午睡时有家人的陪伴和看护，因此在幼儿园的午睡中也表现出需要教师陪伴方能入睡的需求。

在手心里画上小朋友喜欢的爱心，让幼儿直观地看到教师的爱，向幼儿传递出教师一直关注并陪伴在他身边的信息，能够帮助幼儿建立安全感和信任感。教师还创设了陪伴物自选区域，幼儿可以选择自己喜欢的陪伴物一起午休，从而消除午休焦虑情绪。］

案例七

我的游戏我做主

一天，小禹从家里带来了一只大恐龙玩具，引起了大家的注意与兴趣。"我家里也有恐龙。""这是一只霸王龙，霸王龙可厉害了！"围观的孩子越来越多，大家把恐龙围得严严实实。教师听到后，便邀请孩子们围坐成半圆。

教师："你们喜欢玩恐龙游戏吗？"

小儒："我在家里经常玩恐龙打架！"

小禹："我喜欢给恐龙排队！"

小原："我家里有许多恐龙书呢！"……

我们的恐龙乐园

大家分享着自己的游戏经验。教师提议道："你们想不想拥有一个恐龙的乐园呢？""想！"大家异口同声地说。

教师："恐龙乐园是什么样的呢？"

严严："恐龙是住在原始森林里的，有很多树。"

月月："森林里面有一百只恐龙。"

恐龙时装秀

"还有恐龙蛋哦！"……大家一起畅想着自己的恐龙乐园。

经过一个星期的准备，孩子们和教师一起搜集各种恐龙玩具和书籍，设计涂鸦恐龙森林里的草地，商定了游戏规则，属于孩子们自己的恐龙乐园终于开园啦。

[评析：要让孩子们从心里爱上幼儿园，需要从孩子们的兴趣、爱好出发，组织丰富有趣的游戏活动，让孩子们在幼儿园里"玩"得开心，发现幼儿园的独特有趣之处。教师在和幼儿谈话交流的过程中，以及从开

恐龙洞穴

学初家访问卷中了解到,班级里大部分的男生都比较喜欢恐龙、汽车,女生则对公主、角色装扮比较感兴趣。教师和孩子们共同商讨,又相继开设了"汽车总动员""美美装扮屋"游戏区域,满足了不同兴趣爱好幼儿的需求。从孩子的兴趣入手创设孩子们喜欢的游戏环境,让孩子们每天都期待来上幼儿园。]

六、反思与感悟

小班新生入园的分离焦虑情绪,绝不是会演唱《我爱我的幼儿园》、会朗读《幼儿园是我的家》就能够消除的。

3—4岁的小年龄段幼儿还不能很好地调节自己的情绪。当他与亲人分离进入陌生环境时,会产生抵触情绪。这时候作为专业人士的幼儿园教师,应该怎么做呢?首先要理解小班孩子的情绪,共情他们的想法和感受,接纳孩子焦虑哭闹的现象,耐心倾听孩子的心声,并运用直观的语言、动作让孩子感受教师对他们的爱,建立良好的师生关系。

教师在等待、退位的时间里,站在孩子身边,相信孩子,让他们用自己的眼睛去看,用自己的小手去尝试,用幼小的心灵去感受,用自己不同的方式来适应这个全新的环境,渐渐地建立起对幼儿园的依恋和爱,从而一步一步地爱上幼儿园这个大家庭。

本次主题活动根据幼儿的生理、心理需要,通过创设幼儿喜爱的环境,开展丰富的游戏活动,创设温馨的心理环境等,让孩子们慢慢了解幼儿园、喜欢上幼儿园。蹲下来读懂孩子、尊重孩子、倾听孩子的心声,把班级环境、游戏主题、课程内容的主动权都归还给孩子,让孩子们成为活动真正的主人,让孩子们一步一步爱上幼儿园活动,从而对幼儿园产生亲切感,愿意亲近教师和同伴,喜欢和小朋友一起游戏,逐步习惯和适应幼儿园生活,喜欢上幼儿园。

玉米我喜欢

一、主题由来

班上部分刚入园的幼儿不愿意或不喜欢吃幼儿园的食物,于是我们进行了"我喜欢吃的……"主食及配餐调查。从反馈信息中获知,玉米是幼儿喜欢吃的食物之一。同时,在幼儿进餐过程中,我们发现玉米排骨汤是许多幼儿主动要求添加的食物。基于幼儿对玉米的喜爱,我们将其纳入生活课程中,开展了"玉米我喜欢"主题活动,利用散步时间带领幼儿到幼儿园的玉米种植园看一看、摸一摸,进一步激发了幼儿对玉米的好奇心与探究愿望。幼儿在玩转玉米、制作玉米美食等过程中,感知了玉米的主要特征,发展了动手操作能力,逐步养成了健康饮食的习惯。

二、活动目标

(一)总目标

1. 愿意参与活动,能运用多种感官感知玉米的主要特征。
2. 愿意动手操作,能在成人的引导下,尝试制作玉米美食并学会分享。
3. 学习使用简单的工具材料加工玉米。
4. 能用自己的玉米创意作品与老师共同创设环境。
5. 有初步的健康饮食意识,愿意尝试各种玉米制品。

(二) 子目标

活动一　长长玉米棒

1. 喜欢玉米棒，愿意参与玉米棒的相关活动。
2. 知道玉米棒、玉米粒、玉米须的名称，感知其主要特征。
3. 能运用剥、抠等方法将玉米粒剥离。
4. 尝试利用玉米进行创意手工制作、创设班级环境。

活动二　好吃的玉米

1. 愿意动手操作，在成人的引导下尝试制作和分享玉米美食。
2. 学习使用简单的工具，锻炼小肌肉动作的灵活性。
3. 感知玉米加工过程中的变化，对此感兴趣、有好奇心。
4. 知道吃玉米有利于身体健康，愿意品尝制作出的不同玉米食物。

三、网络图

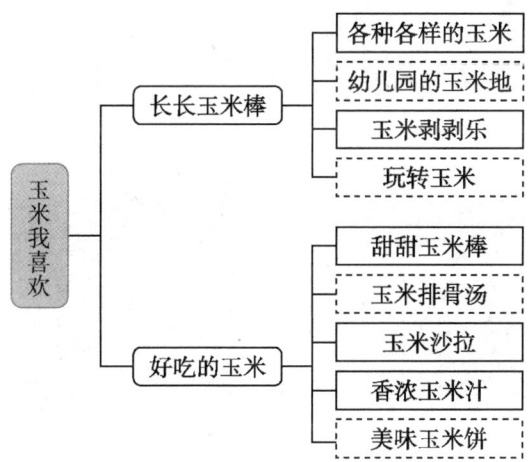

备注：实线部分为教师预设的活动，虚线部分为幼儿生成的活动

四、环境与资源

伴随幼儿观察玉米、采摘玉米、了解玉米、品尝玉米等活动进程，主题墙"玉米什么样""玉米制品大搜索""好吃的玉米"等动态呈现了幼儿探索发现的过程。活动区创设的观察体验角"快乐农家乐"、小展台"玉米全身都是宝"以及美工制作"百变玉米秀"等，有益于幼儿运用各种感官，通过看一看、做一做、玩一玩、尝一尝等与环境充分互动，增进幼儿对玉米的认知和喜爱。

（一）环境创设

1. 主题墙。

玉米我喜欢

幼儿园里的玉米地

好吃的玉米

品尝玉米

给喜欢吃的玉米投票　　　　　百变玉米　　　　　　我来做玉米沙拉

2. 活动区角。

观察区：快乐农家乐

生活坊：剥玉米、榨玉米汁、做玉米沙拉

美工区：玉米拓印　　　　　展示区：玉米全身都是宝

3. 其他。

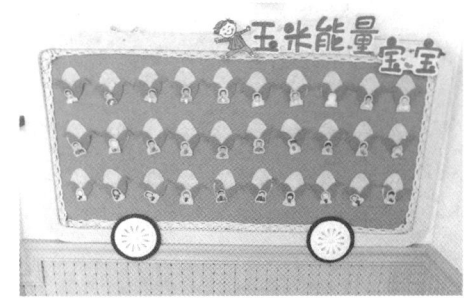

玉米能量奖励榜

(二) 资源利用

1. 亲子采摘、品尝水果玉米。

2. 和爸爸妈妈到超市寻找玉米制品。

3. 妈妈助教进课堂指导幼儿制作香甜玉米汁。

4. 妈妈助教进课堂展示玉米饼制作。

五、典型案例

案例一

一起来剥玉米粒

孩子们开始学习剥玉米粒了，教师先示范剥玉米粒的方法，孩子们对新活动很感兴趣。小敬小朋友把小手举得高高的，特别想参加活动，教师请他第一个来。他激动地拿起长玉米棒，学着教师的方法顺利剥下好几个玉米粒，可没一会儿，他就说："老师我不想剥了……"看到他表现出的畏难情绪，教师降低操作要求，将玉米棒掰成三份，取出其中的一份对他说："你剥玉米粒的动作特别灵活，有本领，老师想请你帮助把这一小段的玉米粒剥下来，一会请你告诉小朋友快速剥玉米粒的方法。"他高兴地点头,说:"好的!"当他剥完三分之一的玉米棒时,开心地向教师展示自己的成果:"老师你看,我剥了这么多的玉米粒!""哇,你剥的速度好快呀!"教师及时给予肯定。"老师我还想要剥。"小敬小朋友在教师的关注、鼓励下,持续剥玉米粒直到活动结束。

我会这样剥

活动中,孩子们尝试用不同的方式剥玉米粒。小泽小朋友从中间用手指抠玉米粒,失败后主动寻求教师的帮助,并模仿教师的方法,顺利剥下玉米粒;小悠小朋友用大拇指的力量沿着玉米粒排列的方向向下推动,整列的玉米粒都顺利脱落下来,他快速又熟练的动作让小朋友看呆了;聪聪

从中间剥有点难

我成功啦

用大拇指往下推玉米粒

我剥得又快又好

小朋友用两手交错旋转的方式，也使得整排的玉米粒一粒一粒脱落下来，一会儿就完成剥玉米粒的任务。

活动后，教师让孩子们说一说"你是用什么办法剥出玉米粒"，让同伴了解更多剥玉米粒的方法，并引导孩子尝试操作，体验新方法，孩子们纷纷参与分享活动，并从中知道了因为小朋友的小手力气有大有小，所以剥玉米粒的方法、速度就会有不同。

在剥玉米粒的过程中，教师观察发现不同性格的孩子，在动作、思维等方面表现出差异性，因此教师根据每个幼儿的实际情况，提出不同的操作要求和适宜的支持策略，帮助孩子们在原有的水平基础上获得更多有益的发展。

[评析：正所谓"百闻不如一见，百见不如一行"，对幼儿来说，科学知识的获得来自于自己的亲身活动，是幼儿运用自己的知识经验建构的结果。小班幼儿思维发展水平有限，案例中教师便给予幼儿充分的时间，尊重个体差异，适时介入，根据不同幼儿的反应给予不同的指导策略，让他们用自己的方式进行学习。如果幼儿在尝试错误时，教师干涉太多介入太快，就会剥夺幼儿自己发现和探索的机会，造成幼儿按部就班地模仿老师，失去了积极思考和创造的能力，幼儿对于尝试操作剥玉米这一活动便会很快失去兴趣，也体验不到自我成就的快乐。活动后，教师再通过集中分享的方式，引发幼儿学习、探索不同的操作方法，在尝试错误中学习，寻找适合自己剥玉米粒的方式方法。]

案例二

洛洛小朋友的变化

洛洛小朋友入园 2 个月，对班级提供的区域活动有参与的兴趣，但持续时间较短，更换操作材料的频率较高；活动中遇到操作困难时容易发脾气；当教师有意识引导他参与活动时，他常摇着头说："我不想玩。"他还常与同伴在班级玩追跑游戏，干扰了其他孩子的活动。教师观察发现，洛洛对班级提供的人手一份、要运用精细动作完成的操作活动，在专注力、操作能力等方面表现出不足。

"好吃的玉米"活动吸引了洛洛的注意力,激发了他的好奇心。随着主题活动的持续拓展,班级活动区角中创设了多种形式的与玉米有关的动手操作的活动。其中,洛洛对剥玉米皮的活动表现出极大的兴趣,连续两天都选择在此区角中活动,表现出较强的专注性和持续性。洛洛一片一片地剥或是尝试几层

认真剥玉米皮

玉米皮一起剥,剥下的玉米皮堆满了大箩筐,还主动邀请老师一起合作剥玉米皮,他的表现与原来的状态有了明显的改变。教师及时发现洛洛的变化,在集体中展示他剥下的一大箩筐玉米皮,给予充分的鼓励,并请他演示剥玉米皮的"技能",洛洛从中体验到成功的喜悦。

班级开展"榨玉米汁"活动,洛洛承包了剥玉米皮的主要工作,能主动将玉米清洗完送到了榨汁组,并亲自"督促"榨汁服务人员完成榨汁。看着自己剥的玉米变成玉米汁,洛洛开心又满足,表现出积极的参与性、主动性、持续性。他还积极参

看玉米绘本　　　给玉米粒装瓶

与班级有关玉米的系列活动,阅读玉米绘本、剥玉米粒、给玉米装瓶、玩玉米游戏、参与创设玉米展示大厅等。离园时,洛洛经常主动邀请妈妈来看看自己装瓶的作品,小脸蛋上流露出满满的成就感。

[评析:小班幼儿经常表现出随机的、无计划的行为。案例中,教师在对洛洛小朋友多次观察后发现,刚入园时他对班级活动非常感兴趣,但

持续的时间比较短暂,容易被其他人或其他事务干扰转移自己的兴趣,且遇到困难时缺乏耐心、容易着急。在"玉米我喜欢"主题活动中,教师提供了丰富、具体的区角操作环境,引导幼儿通过多种感官进行探索和挑战,进一步激发他参与活动的兴趣,在活动中他不断成长,不断尝试解决问题,兴趣的持久度高,专注力强,也更加耐心,不怕困难。同时,教师在区角游戏活动中还提供了丰富的操作和探究环节。如,剥好皮的水果玉米,清洗后送到玉米汁组榨成玉米汁,也可以放在大厅的公共环境进行展示,增强与同伴互动的意识。引导幼儿在剥玉米皮时,遇到困难主动寻找同伴、教师的帮助,养成良好的学习品质。]

案例三

好吃的玉米沙拉

通过"玉米我喜欢"问卷调查,我们了解到孩子们最熟悉的玉米制品是玉米沙拉,这也是孩子们喜欢吃的食物。于是,孩子们提出自己来做玉米沙拉,一场跟随孩子们兴趣的活动开始了。

教师:"做玉米沙拉需要准备哪些东西呢?"

洋洋:"要这么多的玉米粒,要用奶油沙拉酱调在一起吃。"

教师:"怎么才能变出来这么多的玉米粒?"

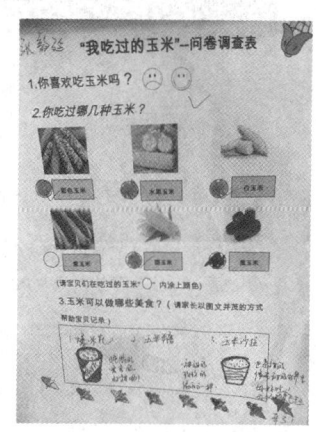

"我吃过的玉米"调查问卷

小美:"我让奶奶去永辉超市买。"

丁丁:"班上有这么多玉米,我们从上面一个一个剥下来。"

孩子们动脑筋想问题,提出许多制作玉米沙拉的建议:"要把玉米蒸熟,要吃熟的玉米粒,才不会生病""要用干净的碗装玉米粒""剥玉米粒的小朋友要多""沙拉酱不能放太多""手要洗干净"等。在教师、家长的支持下,孩子们准备好了食材、工具,穿戴好围裙、帽子,"玉米沙拉"美食制作、品尝、分享活动开始了!

制作过程中,孩子们提出有的玉米沙拉里还会放胡萝卜和生菜。于是教师提供新食材,孩子们剥玉米粒、手撕生菜、刀切胡萝卜,将处理好的各种食材进行混合搅拌,再装入漂亮的小杯子里,与同伴一起分享品尝。活动不仅锻炼发展了孩子们的精细动作,还满足了孩子们动手操作的需求,让孩子体验到成功的喜悦。

切胡萝卜　　　　　撕生菜　　　　　剥玉米粒

活动后,孩子们大胆表达自己的想法:
小思:"玉米沙拉太好吃啦!"
小延:"最喜欢沙拉酱,甜甜的,要是多放一些就好了。"
小泽:"我不爱吃玉米沙拉,胡萝卜也不喜欢。"
通过现场观察及与孩子的交流,教师发现有一部分孩子不喜欢吃玉米粒,更喜欢吃沙拉酱。
教师:"你们还喜欢吃什么?还想在沙拉里再放些什么?"
可可:"我想把香蕉加在一起。"
欣欣:"我喜欢吃火腿肠。"
教师:"每个小朋友喜欢的都不一样,那怎么办?"
天天:"可以先问小朋友喜欢吃什么,再把他喜欢的东西放到玉米沙拉里。"
于是,教师在组织第二次制作活动时,为孩子们准备"宝贝盒",盒里放置香蕉、苹果、葡萄干、甜豆、午餐肉等食材,"服务员"在制作沙拉时,先询问"购买者"喜欢吃什么,要添加什么食材,再进行制作。依据幼儿的喜好进行个性化的定制,孩子们购买、品尝的兴趣得到激发。

活动过程中,孩子们又发现新的问题。

洋洋:"生菜都没有味道,不是甜甜的,不好吃。"

教师:"那怎样让吃到嘴里的生菜变得好吃些?"

明明:"沙拉多挤一点,一直搅拌。"

乐乐:"生菜撕得更小一点,再加点蜂蜜水。"

慢慢搅拌　　把所有材料都装到小盘子里

还可以加什么

孩子们按照自己的想法,在食材搭配、量的把握、搅拌时间等方面尝试各种改变,多种口味的玉米沙拉受到大家的喜爱。孩子们还学会了礼貌待客,主动与他人分享美食,传递快乐心情。

制作美味玉米沙拉　　　　　客人老师请品尝

在这个过程中,孩子再次们发现新问题。

小欧:"要剥好多的玉米粒,杯子才能装满。"

小悦:"我看到杯子里还有很多玉米粒,小梅她就不吃了。"

小锡:"没有吃完就把杯子扔到小垃圾桶里。"

……

于是,围绕选择"什么样大小的杯子最合适"展开新问题的讨论。在家长配合下,孩子们开始在家里、超市寻找不同的容器,把容器展示在展示柜里,教师继续组织孩子进一步探究。

制作玉米沙拉材料柜

[评析:案例活动中教师充分给予了幼儿行使选择权、自主操作的机会,引导幼儿剪、撕、切、挤,促进精细动作的发展,引导幼儿积极表达自己的情感和态度。在教师的引导下,幼儿不断在与他人合作的良好互动氛围中疑问、反思、调整、尝试和肯定,最后找到解决问题的办法,提高应对个人差异化需求的能力。不仅如此,幼儿的创新能力也在不断地发展,幼儿能够结合教师所提供的丰富的活动材料,倾听同伴的建议,在一次次的调整中,大胆思考、大胆尝试,不断反思改进。通过本次活动,幼儿能够感受到不断挑战制作美食的成就感,感受到与同伴分享的快乐,同时也能获得教师积极肯定和支持的满足感,知、情、意、行在一个小小的活动中获得全面发展。]

案例四

玉米全身都是宝

户外散步时,孩子们来到幼儿园的植物园,对植物园中长得最高的植物表现好奇。"这是什么呀?"孩子们开始你一言我一语地谈论起来:

小言:"我知道,我看到了小玉米,这是玉米地。"

小浩:"哇!幼儿园有玉米地!"

小敬:"玉米长得真高呀,比我还高。"

小芮:"玉米的叶子大大的、长长的。"

小熹:"玉米穿了一件绿衣服,胖乎乎的。"

……

植物园的玉米地,高高的玉米,成为孩子们新的关注点。教师抓住此契机,引导孩子通过看、闻、剥等方式,观察、感知玉米棒。孩子们发现平时吃的是"剥了绿皮"的小玉米粒,那"玉米皮、玉米须也可以吃吗?"于是,孩子们与爸爸妈妈一起寻找问题的答案,并在集体中交流。

小诚:"玉米皮不能吃,要剥掉的。"

小言:"妈妈说玉米须可以用来煮汤,喝了对身体好。"

孩子们发现玉米全身都是宝,就连玉米芯也有大用处。教师肯定孩子们的发现,并提出新的问题:"玉米有这么多的用处,我们还能用它做什么呢?"于是,孩子们把采摘来的玉米棒带到班级,一起给玉米来个"大变身"。

孩子们耐心地剥下玉米皮,把玉米皮放到竹编的篮筐里,放在观察角晾晒;把玉米棒洗净,在老师的帮助下蒸熟品尝;把吃完的玉米芯通风晾晒后,用作拓印的工具;把玉米须收集在一个小盘子里,画画时用来装饰老爷爷的胡子、小女孩的头发……玉米在孩子们的手中玩出各种花样。

玉米芯拓印画

在老师的支持、帮助下,"玉米全身都是宝"小展台完成了,卡片上写的都是孩子们收集来的有关玉米的小百科,展示台呈现的都是孩子们亲手剥下的玉米粒、玉米皮、玉米须。教师还引导幼儿以图文并茂的形式进行了标识。每一天,孩子们都会在展台边逗留,与同伴三三两两地交流讨论,离园时,带着爸爸妈妈一

起来欣赏,摸一摸、看一看、说一说。

[评析:幼儿在玉米地的发现激发了他们的好奇:玉米皮、玉米须这些可以食用吗?当幼儿产生兴趣和好奇心时,教师不急于给予答案,而是让幼儿带着问题回到家和爸爸妈妈一起讨论商量寻找答案,以"各个部分可以拿来做什么"这一问题的提出来培养幼儿主动探求问题、解决问题的能力,同时也在交流分享中让幼儿学会表达自己的观点。幼儿在尝试创意制作时,教师积极鼓励并给予肯定支持,增强其兴趣的持久度与挑战行为的深度。]

案例五

我们来投票

"好吃的玉米"主题活动持续开展了一段时间,孩子们积累了许多有关玉米的知识经验。他们知道了能直接生吃的是水果玉米,学会了分辨外形较为相似的白玉米和水果玉米。孩子们常常会三三两两地谈论,有的说:"我喜欢水果玉米。"有的说:"黄玉米才好吃!"有的说:"五彩玉米最好吃。"孩子已经初步形成对具有某种特质的玉米的特别喜好。教师抓住幼儿感兴趣的话题,进一步帮助孩子们梳理已获得的经验,并通过投票统计的方式,让孩子们了解各自的喜好,看看哪种玉米是最受欢迎的"玉米明星"。

"我们来投票"活动开始了。教师为孩子们准备了五彩玉米、白玉米、黄玉米、水果玉米四个品种的玉米。在家长助教的协助下,孩子们分别对不同品种的玉米进行处理,将四种玉米放置蒸笼中蒸煮。随着玉米的浓浓香味在教室飘散,孩子们兴奋起来:"可以吃了吗?"品尝大会开始了!孩子们津津有味地分别品尝四种玉米。品尝后,请孩子们说一说"最喜欢吃的是哪种玉米",并把号数贴在对应的玉米图片上。投票结束后,教师引导孩子们统计出得票数,发现黄玉米最受欢迎。通过投票,孩子们也发现,每种玉米都有小朋友喜欢。"你为什么喜欢这种玉米,把票投给了它?"教师引导孩子们说说投票的理由。

小洋:"我喜欢五彩玉米,颜色很漂亮。"
小悦:"我喜欢白玉米,吃起来糯糯的。"
小洛:"我喜欢水果玉米,咬起来脆脆的,最甜。"
小语:"我喜欢黄玉米,香香的。"

通过现场品尝,孩子们学会了从玉米口感、颜色、香味、形态等多个维度,认识不同品种玉米的特点,明确自己的喜好作为投票的依据。通过投票和分享交流,孩子们相互之间有更多了解,了解到同伴的喜好各有不同,学习理解同伴,尊重同伴的不同喜好。

我们来投票:选出我喜欢的玉米

[评析:幼儿的学习是以直接经验为基础的。以幼儿为主体,教师就要尊重每位幼儿,最大限度地支持和满足幼儿通过直接感知、实际操作和亲身体验获取经验的需要,并通过表达、交流等方式进一步帮助幼儿梳理经验,促进幼儿的语言和社会性发展,尊重每位幼儿作为个体主体进行体验、表达、互动。活动中教师创设丰富的教育环境,鼓励孩子亲身体验、品尝、自我表达、点数票数、倾听同伴等形式参与,提升了幼儿的语言表达和沟通能力,获得在集体环境中个体存在、被尊重的价值感,也培养了幼儿个体融入集体环境、遵守集体规则的认同感。每位幼儿都参与其中,体现了幼儿的主体性并提升了幼儿活动的主动性。]

六、反思与感悟

主题活动的选择与推进既来源于生活，最终又还原于生活，是基于生活且始终围绕生活的以幼儿为中心的教育，是在日常活动中关注幼儿体验、练习、巩固、深化的整合性的全人教育。在主题活动推进过程中，教师要注重培养幼儿自己发现问题、自主思考和行动的能力和态度。由于小班幼儿经常出现随机的、无计划的活动行为，教师在开展主题活动教育的过程中，需要为幼儿提供具体的丰富的操作情境和挑战性的活动，引发幼儿学会关注生活中的事物。教师从"玉米排骨汤"这一集体性的关注事件中发现幼儿对玉米的浓厚兴趣，及时带领幼儿来到玉米地，观察玉米的外形特征、内部结构，探究剥玉米粒的方法，品尝四种不同的玉米。这一系列活动层层推进，紧跟幼儿的步伐，丰富了幼儿对玉米的认识。

主题开展的过程中充满了浓浓的生活味儿，丰富的操作活动让幼儿亲身感知、实际操作，幼儿在此过程中了解玉米、关注玉米、喜欢玉米，建立起对玉米的感性经验，对全面、系统地认识玉米有着重要的意义。在多元活动中教师积极支持，关注、尊重幼儿的个性化特点，以欣赏的态度对待幼儿，提高幼儿参与的兴趣，对幼儿的操作探究行为给予及时反馈，培养他们乐于观察发现、学会多角度探索、不怕困难的良好学习品质。在充满支持鼓励的师幼互动中，幼儿感受到积极平等的心理氛围，也乐于大胆尝试、乐意表达交流，关注动作产生的相应结果，获得积极的情感体验、丰富的科学认知和精细准确的动作技能发展。

你好，蛋宝宝

一、主题由来

蛋是生活中常见的食物，也是幼儿生长发育过程中重要的营养来源。一天午餐吃卤蛋时，我们听到幼儿之间的对话："今天的卤蛋真好吃。""卤蛋是用鸡蛋做的，也可以用鸭蛋做。""我家的蛋剥开是白色的，要蘸酱油才会变成黑色。""蛋没有煮熟会破掉。"……基于幼儿对蛋的兴趣与好奇，我们开展了"你好，蛋宝宝"主题活动，引导幼儿充分运用各种感官，看一看、摸一摸、做一做、尝一尝、玩一玩，了解蛋的种类，感知蛋的大小，探索蛋的秘密，品尝蛋的美味，体验制作蛋制品的乐趣。

二、活动目标

（一）总目标

1. 能运用多种感官观察和探究蛋，初步了解蛋的种类、外形特征及主要结构。
2. 了解蛋的营养价值，愿意品尝用不同方式烹饪的蛋制品。
3. 喜欢参与制作简单的蛋制品，提高动手操作能力。
4. 尝试开展有关蛋的小实验和创作活动，并乐在其中。
5. 愿意与同伴交流制作蛋制品、操作小实验和欣赏蛋艺术品的过程和感受。

（二）子目标

活动一　蛋宝宝的秘密

1. 能运用多种感官感知蛋的形状、大小、颜色等外形特征，初步了解蛋的主要结构。

2. 认识常见的会生蛋的禽类，初步了解蛋与禽类动物的关系。

3. 了解辨别生蛋和熟蛋的方法，乐于表达自己的想法。

活动二　美味的蛋

1. 了解鸡蛋的营养价值，知道吃蛋对身体健康的益处。

2. 喜欢参与制作蛋制品，学习使用简单的工具材料进行搅拌、剪、倒、切等操作。

3. 愿意品尝用不同方式烹饪的蛋制品，能与同伴交流、分享品尝后的感受。

活动三　有趣的蛋游戏

1. 对蛋的科学小实验感兴趣，能在看看、做做、比比过程中发现蛋的变化。

2. 尝试描述玩蛋游戏时观察到的现象，能与同伴交流自己的发现。

3. 能跟随音乐用肢体动作表现孵蛋、小鸡出游等情节。

活动四　蛋宝宝大变身

1. 乐于欣赏各种各样蛋的艺术作品，愿意表达自己的感受。

2. 尝试运用不同的材料进行蛋的想象和创作。

三、网络图

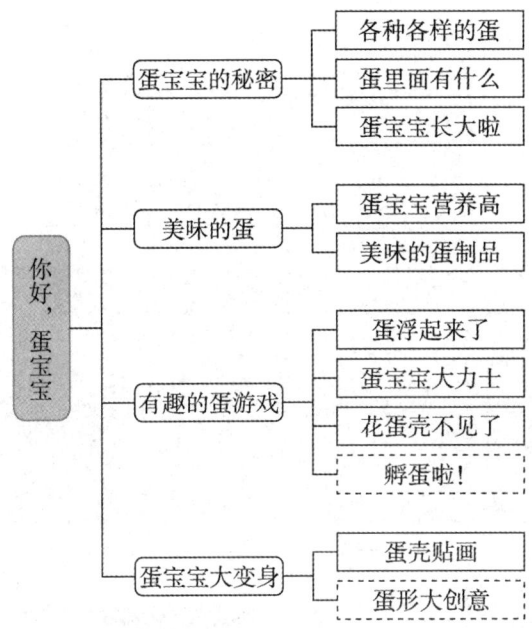

备注：实线部分为教师预设的活动，虚线部分为幼儿生成的活动

四、环境与资源

不同颜色和大小的蛋分别是谁的宝宝？蛋里面有什么？怎样辨别生鸡蛋和熟鸡蛋？蛋可以做成哪些美食？……伴随着主题活动的展开，主题墙上呈现了幼儿与教师一起揭开"蛋的秘密"的过程。"开心农场""剥蛋""蛋宝宝找妈妈""蛋蛋屋"等活动区角及材料，加深了幼儿对蛋的认识，激发了幼儿对蛋形的创意表现，提高了幼儿动手能力。柜面立式屏风所展示的"我是蛋爸爸（妈妈）"活动照片，让幼儿重温细心呵护蛋宝宝那份特别的爱。

（一）环境创设

1. 主题墙。

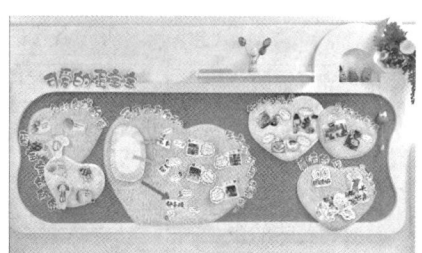

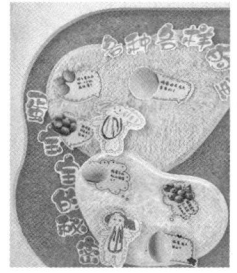  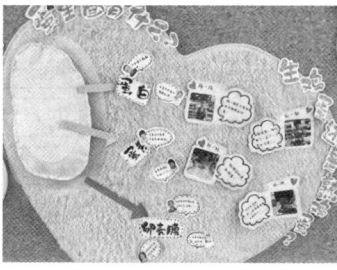 

各种各样的蛋　　　　　蛋里面有什么　　　　　美味的蛋

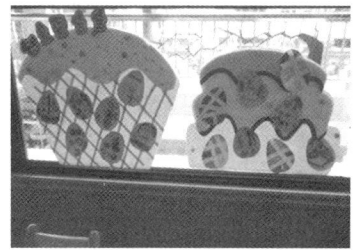 

美工区：创意蛋宝宝

生活区：开心农场、剥蛋

操作区：蛋宝宝找妈妈、蛋宝宝排排队

表演区：蛋蛋屋　　　　　　建构区：鸡蛋城堡

2. 其他。

我是"蛋妈妈（爸爸）"

(二) 资源利用

1. 家园共同收集蛋壳、鸡蛋托、纸卷芯等操作材料，查找蛋的相关资料。

2. 邀请家长走进课堂，带领孩子们一起制作美味的蛋制品。

3. 家长利用周末或节假日带幼儿参观农场，了解蛋与禽类动物的关系。

五、典型案例

案例一

生鸡蛋还是熟鸡蛋？

一天，妍不小心碰到了摆着各种蛋的柜子，啪嗒，一个蛋掉到地上，破了。

轩："这个是蛋白，这个是蛋黄。"

远："蛋白怎么是透明的？像果冻一样。"

辰："蛋白煮熟了就变成白色的啦！"

菲："煮熟的鸡蛋和没煮熟的鸡蛋不一样。"

大家围着地上的蛋液七嘴八舌地讨论起来。

师："那你们说说生鸡蛋和熟鸡蛋有什么不一样？"

摸一摸，生鸡蛋冰冰的

亮："生鸡蛋里面湿湿的，像水一样，熟鸡蛋有蛋白和蛋黄。"

菲："生鸡蛋也有蛋白和蛋黄，那个黄黄的就是蛋黄。"

越："生鸡蛋里面软软的，熟鸡蛋硬硬的。"

轩："我看到妈妈打鸡蛋的时候，蛋白和蛋黄打在一起都变成黄色了。"

辰："生鸡蛋和熟鸡蛋的蛋壳都很容易破。"

师:"如果鸡蛋没有打破,你怎么知道它是生鸡蛋还是熟鸡蛋呢?"

越:"熟鸡蛋是热的,生鸡蛋是冰冰的。"

六:"我用积木敲一敲,哪个里面的东西流出来,哪个就是生鸡蛋。"

越:"不行,那样蛋就破了。"

师:"这样吧,你们晚上回去和爸爸妈妈一起聊一聊、试一试,明天再来告诉大家你的好方法吧!"

第二天,孩子们一到幼儿园,就迫不及待地分享自己的好办法。

骋:"老师,可以摇一摇,如果感觉里面是水,那就是生鸡蛋。"

非:"我们可以放在桌子上面转一转,你看生鸡蛋转得慢,熟鸡蛋转得快。"

瑶:"我爸爸说还可以拿手电筒照一照呢,生鸡蛋会变透明哦!"

……

 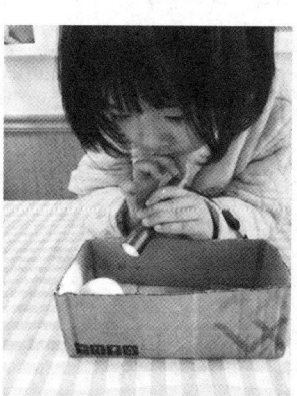 

转一转　　　　　　照一照　　　　　　摇一摇

[评析:幼儿在园的一日生活中隐藏各种教育契机,教师要有敏锐的洞察力,捕捉关键教育事件,挖掘活动背后的教育价值,引导幼儿一步步提升生活经验。幼儿科学活动是贴近生活的活动。孩子们对身边事物与现象产生兴趣,教师要支持、鼓励他们深入发现问题,提出问题,勇于实践和尝试探索,在学习尊重他人的观点中转化经验。小班幼儿在认识事物和现象时只能认识外在的、表面的特征,对事物的认识是孤立的。整个活动中,教师结合小班幼儿的年龄特点,就"鸡蛋打碎"这一偶然事件,引导

孩子通过看一看、摸一摸、敲一敲、摇一摇、转一转、照一照、说一说等方式多角度地感知蛋的特点,激发了孩子们的探索欲、求知欲,充分调动起他们参与探究的积极性,通过自主探索操作引导孩子思考"生鸡蛋和熟鸡蛋的不同"和"正确区分生蛋和熟蛋的方法",帮助他们积累了生活中的小知识,也培养了他们不断发现问题和研究问题的学习品质。同时,为了让孩子们积极参与探究,教师也需要尽可能地创造适合孩子探究的条件,尊重孩子年龄、能力、经验、学习方式等方面的差异,因人施教,让他们在自主探究中感受科学发现的过程和方法,体验科学的趣味性,使每个孩子都能从探索中获得满足与成功。]

案例二

我是"蛋妈妈(爸爸)"

如果请孩子们当一天蛋妈妈(爸爸)照顾蛋宝宝,不让蛋宝宝破碎,孩子们能完成任务吗?当易碎脆弱的蛋宝宝遇上活泼可爱的小朋友,会发生什么呢?

活动前一天,孩子们收到"护蛋任务",便回家跟爸爸妈妈们一起为蛋宝宝准备护蛋盔甲了。

妍:"我和爸爸妈妈想了个办法,把鸡蛋用纸巾包着放在盒子里,这样我的蛋宝宝绝对不会受伤。"

铭:"我把蛋宝宝放在塑料袋里,紧紧地抓在手上,这才是最安全的地方。"

恒:"我和爸爸一起用纸卷芯给蛋宝宝做了盔甲,我的蛋宝宝肯定不会破。"

孩子们不仅给蛋宝宝做了最坚固的"盔甲",还起了好多好听的名字,如钢铁侠、蛋哥哥、蛋小花、小乖。

蛋宝宝的"盔甲"

"护蛋行动"开始啦!一大早,孩子们高兴地与小伙伴、老师分享自己制作的"蛋宝宝"盔甲和好听的名字。从入园到离园,孩子们像大人照顾宝宝一样,小心地呵护着自己的"蛋宝宝",和"蛋宝宝"一起游戏、进餐、学本领、散步。午休时,孩子们小心翼翼地把"蛋宝宝"放在枕头边,盖上被子,生怕"蛋宝宝"着凉。

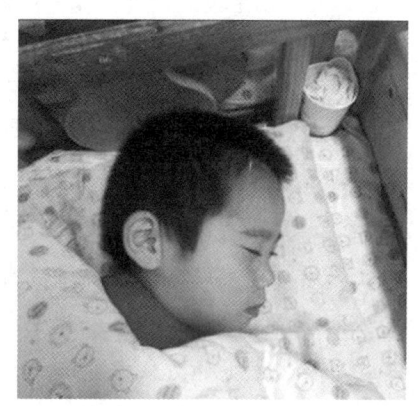
小心翼翼地把蛋宝宝放在枕头边

尽管如此,还是有一些"蛋宝宝"受伤了。

兴:"老师,我一直抱着蛋宝宝,可是刚刚不小心掉在地上破了。"

瑶:"我刚才跑得太快,和妍撞在一起了。"

扬:"我的蛋宝宝一直装在盒子里,刚刚打开的时候就看见它碎了,我也不知道为什么。"

修:"我想把蛋宝宝从盒子里拿出来一起玩,拿的时候蛋宝宝就掉了。"

铭:"我紧紧地抓着蛋宝宝,没想到用纸卷芯做的盔甲被我抓坏了,蛋宝宝就掉出来了。"

离园时,有的孩子完成了"护蛋任务",他们看着自己完好无缺的"蛋宝宝"高兴极了,还激动地向爸爸妈妈汇报:"你看,我的蛋宝宝都没有破,我一直把它带在身边。"

和蛋宝宝一起游戏

[评析:通过前期活动,孩子们已经掌握了关于蛋的某些典型特征,获得了科学的认知经验。而幼儿对

周围世界更进一步的认识,并不只能靠简单地观察、记录、整理和吸纳,更需要教师引导他们结合个人生活经验,接触自然、生活,积累有益的直接经验和感性认识。"如何保护易碎的蛋宝宝"正是引导幼儿以亲身体验来丰富了解和感知生物特性的有益活动。本次护蛋活动中,孩子们化身"蛋爸爸蛋妈妈",耐心负责地照顾着自己的蛋。没想到当孩子们变成蛋爸爸蛋妈妈时,会这么有爱,这么有担当。在活动中,孩子们非常细心,萌发出很多保护措施、想法,赋予自己神圣的使命感和责任感,他们不仅仅是在进行保护蛋的方法探究和尝试,更是将蛋赋予了鲜活的生命意义。在一天的活动中,他们努力用自己认为科学的、有挑战的动作来体验保护生命的成就感。通过此次活动,孩子们增强了爱心、耐心、细心和责任心,感悟到了爸爸妈妈的辛苦,深刻地懂得应感恩爸爸妈妈,用自己的爱和行动回报爸爸妈妈,完整地丰富和延伸了主题活动的内涵。]

案例三

我来"孵蛋"

鸡蛋可以孵出小鸡吗?

鸡蛋怎么才能孵出小鸡呢?

一天,活动室里突然热闹了起来,孩子们七嘴八舌地讨论着:

越:"鸡蛋里有只小鸡!"

铭:"鸡蛋里没有小鸡,鸡蛋里只有蛋黄和蛋清!"

越:"可是如果鸡蛋里没有小鸡,那小鸡是怎么从蛋壳里钻出来的呢?"

铭:"哦,我知道了,是不是蛋宝宝长大了,蛋黄和蛋清就变成小鸡了。"

哲:"才不是呢,小鸡是鸡妈妈孵出来的,我在外婆家见过鸡妈妈孵蛋。"

关于"小鸡是怎么从鸡蛋里变出来"的争论,教师并没有急着告诉孩子们答案,而是鼓励他们回家和爸爸妈妈一起找一找资料,解答自己的疑问。

第二天,孩子们带来了各种与孵蛋有关的信息:

文:"我姥姥说小鸡是鸡妈妈不吃不喝,放在肚子下,孵好多好多天才孵出来的。"

涵:"妈妈说孵小鸡时鸡妈妈要用身体保护好蛋宝宝,不能让蛋宝宝着凉。"

轩:"孵小鸡要38度才能孵出来。"

扬:"我们来玩孵小鸡的游戏吧!"

扬的提议让小朋友们激动起来,他们想玩孵小鸡的游戏。教师遵从孩子的游戏意愿,带领着孩子们开始策划搭建"蛋蛋屋"。

* 一起来搭"蛋蛋屋"

孩子们延续着"孵蛋"的热情,他们希望自己能像鸡妈妈一样在鸡窝里孵蛋。就这样,"蛋蛋屋"在孩子们的期待下开始动工了!我们一起收集了稻草、纸皮、竹筐,为了让蛋宝宝不着凉,我们还在地板上铺了块柔软的毯子。

* 我来"孵蛋"

"孵蛋"游戏开始啦!"鸡妈妈"们迫不及待地来到表演区打扮自己,戴上小鸡头饰,围上披风当作翅膀,坐在鸡窝里,小心翼翼地将"蛋宝宝"放在前面,身体前倾,用肚子和披风保护着"蛋宝宝"。

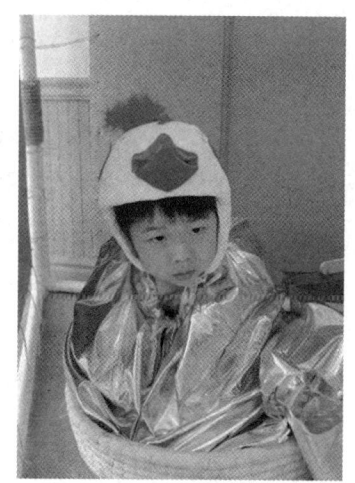

数到20,小鸡就孵出来啦!

有的"鸡妈妈"一边孵一边专心地数数:1、2、3……("数到20小鸡就出来了!")

有的"鸡妈妈"一边孵一边学着小鸡叫:叽叽叽、叽叽叽……(他说这是在给蛋里的小鸡讲故事呢!)

还有的"鸡妈妈"一边孵一边和隔壁的"鸡妈妈"聊天:"我的小鸡

叫小花，你的小鸡呢？""我的小鸡叫奥特曼。""我的小鸡再过20下就孵出来了。""我的小鸡也快了。""我们要保护好它们，不能让它们着凉。"

我的小鸡叫小花，你的呢？

[评析：鸡妈妈孵蛋在成人眼里是普通的不能再普通的事，但在孩子眼里，孵蛋是新鲜而又十分有趣的游戏。从"小鸡怎么从鸡蛋里变出来"的话题到"我来孵蛋"的游戏，孩子们不断生成新内容。他们对鸡蛋的孵化产生了浓厚的兴趣，想体验一下孵蛋，渴望能像鸡妈妈一样孵出自己的小鸡。于是，我们创设了"蛋蛋屋"，鼓励他们自主体验，通过问、听、看、查等方式和家人一起探究小鸡孵化的条件，在亲身孵蛋中逐渐建立了对生命概念的理解，包括鸡蛋孵化出小鸡的基本要求、孵化鸡蛋的生命周期，培养他们具有初步的发现问题和解决问题的探究能力。孩子生来是好奇、好动、好游戏的，活动中孩子们想玩孵小鸡的游戏，将外在的蛋宝宝孵化条件模仿和复制到生活活动中，并加上简单的故事情节，自发地玩起了"孵蛋游戏"，他们的表现力和创造力得到了提高，同时也增强了责任心和爱心。在这一活动中，教师可以深化主题教育活动，引导孩子们感知生物的多样性和独特性，了解和探寻生命生长发育、繁殖和死亡的相关过程，进一步理解动植物和人们生活的关系。]

六、反思与感悟

感知和观察对小班幼儿来说是获得对事物和现象认识的重要方法。生活中一个小小的鸡蛋，从它偶然破碎的那一刻起，便带给了幼儿科学探索的可能和游戏活动的体验。更重要的是，成人在这一教育契机中能提供方向性的引导和探究机会的支持。本次活动中，教师从偶然发生的"碎蛋"事件，从幼儿的生活活动事件出发，通过一系列的提问、总结、支持，帮助幼儿感知了解——探索操作——创新发现——验证分享，建立了蛋宝宝的生物特性和环境之间的联系，积累了对"保护蛋宝宝""孵化蛋宝宝"活动的感性认识和直接经验，获得科学认知。

  幼儿的科学学习不仅仅单指获得正确的科学知识，还包括掌握科学知识、生活经验和技能。首先，教师通过多种形式的活动丰富幼儿的科学经验。教师与幼儿共同收集各种蛋，认识了各种不同种类的蛋，了解它们的特征、名称及几种常见的会生蛋的动物，知道了蛋是怎样孵化的，使幼儿对蛋的活动产生了浓厚的兴趣。"生鸡蛋还是熟鸡蛋""蛋宝宝站起来了""保护蛋宝宝"等综合性的主题科学活动，更是激发了幼儿的好奇心及探索愿望。区域科学活动给幼儿的动手操作创造了很好的个别化、可操作学习的条件。剥蛋、切蛋，让孩子们学会生活劳动技能；给蛋宝宝找妈妈、蛋宝宝排排队提高了幼儿思维能力；创意蛋宝宝，提高了幼儿的创造和动手能力；"孵蛋游戏"更是提高了幼儿观察和模仿能力。

  其次，教师作为支持者，不断引导幼儿丰富事物之间的联系。随着主题活动的推进，幼儿不断地生成问题、解决问题，而教师则与他们共同参与，既是与他们一样的学习者，也是活动的指导者、合作者。教师不断适时地提供材料，创设环境，观察与倾听幼儿，在情感、思维和活动上给孩子最大的空间，力求让幼儿自己动手，自主体验，让幼儿在游戏中积累经验，形成概念，掌握技能，体验愉悦，实现真正的动手做、游戏乐。幼儿也在探索操作中认知蛋、亲近蛋，和蛋做游戏，感受着多元化的学习方式，体验经历参与活动探究的乐趣。

我爱我家

一、主题由来

在一次阅读绘本《我妈妈》过程中，幼儿围绕"爸爸妈妈的爱"谈论起来。有的幼儿说："我的爸爸妈妈很爱我，他们会带我去公园玩。"有的幼儿说："我过生日时爸爸妈妈会给我买生日蛋糕，还送给我很多很多礼物。"还有的幼儿说："我妈妈会讲故事给我听，她也很爱我。"教师发现幼儿对爸爸妈妈的爱有一定的体验和感受，能自主表达对爸爸妈妈爱的不同理解。于是，教师精心设计了"我爱我家"主题活动，进一步激发幼儿爱爸爸妈妈的情感，满足幼儿对爸爸妈妈爱的表达与表现的需求。

二、活动目标

（一）总目标

1. 感受爸爸妈妈对自己的关心和爱护，激发爱爸爸妈妈的情感，有家的归属感。
2. 了解爸爸妈妈的工作和家务劳动，感受爸爸妈妈的辛苦和责任。
3. 学习简单的生活技能，愿意自我服务并帮助爸爸妈妈做力所能及的事。
4. 尝试运用多种方式表达对爸爸妈妈的爱和感激之情。

(二) 子目标

活动一　爸爸妈妈的爱

1. 感受爸爸妈妈爱自己的方式，体验与爸爸妈妈在一起生活的快乐。

2. 愿意和同伴交流、分享来自爸爸妈妈不同的爱。

活动二　我来当爸爸我来当妈妈

1. 感受爸爸妈妈的辛苦，进一步激发爱爸爸妈妈的情感。

2. 喜欢向爸爸妈妈表达爱的情感和行为。

3. 尝试迁移已有生活经验，在游戏中体验当爸爸妈妈的责任感。

活动三　我爱爸爸妈妈

1. 愿意尝试简单的家务劳动，学习自己的事情自己做。

2. 体会到自己是家庭中的一员，感受到家庭生活的温暖。

3. 尝试运用自己喜欢的方式表达对爸爸妈妈的爱。

三、网络图

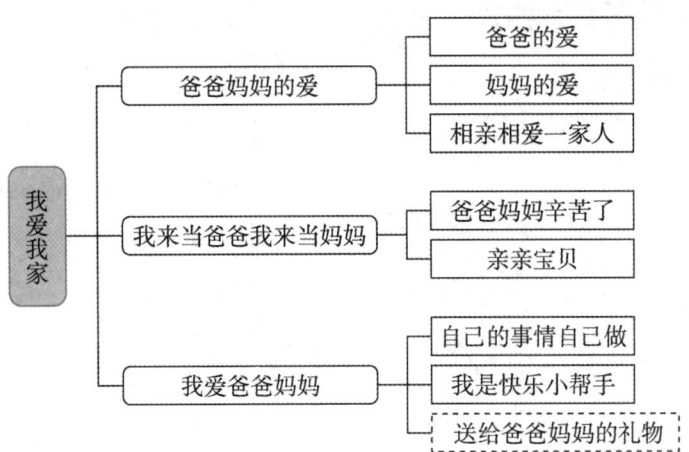

备注：实线部分为教师预设的活动，虚线部分为幼儿生成的活动

四、环境与资源

主题墙及环境中呈现幼儿表达表征的"爸爸妈妈这样爱我""相亲相爱的一家人""送给爸爸妈妈的礼物"等内容,为幼儿搭建了感受爱、理解爱和表达爱的平台。活动区角创设的墙面操作"我给宝宝扣扣子",以及由卧室、厨房、书房、盥洗室、阳台等组成的富有情境性的温馨"娃娃家",能引发幼儿迁移生活经验,在游戏中再现家庭生活场景,从而产生角色共情,进一步体验爸爸妈妈的辛劳与关爱。

(一)环境创设

1. 主题墙。

爸爸妈妈的爱

相亲相爱一家人

和爸爸妈妈爱的故事

送给爸爸妈妈的礼物

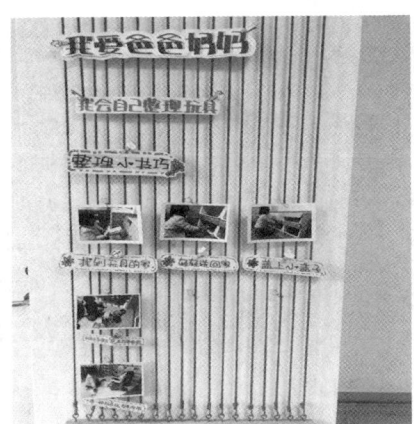
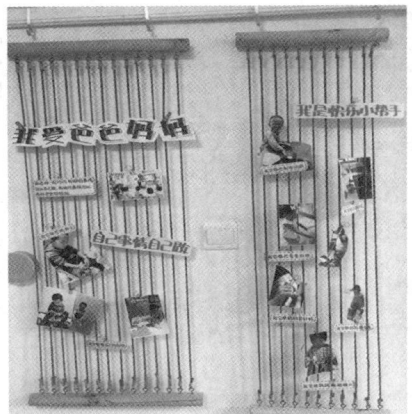

我爱爸爸妈妈

2. 活动区角

盥洗间　　　　　　　厨房、餐厅　　　　　　阳台洗衣房

小书房　　　　　　　卧室　　　　　　"爱的故事"录音图画墙
　　　　　　　　　　　　　　　　　　及毛毛虫点读笔

操作墙"我给宝宝扣扣子"

(二)资源利用

1. 鼓励家长收集日常生活中关于爱的故事,通过视频、录音、绘画等多种形式记录。

2. 请家长与孩子讨论自己的礼物心愿,并制作亲子心愿卡。

五、典型案例

美工展示墙"我的爸爸妈妈"

案例一

爸爸妈妈的爱是什么?

今天,小涵过生日,小涵和小城说:"我今天过生日,我妈妈给我买了一个我爱的蜘蛛侠蛋糕,等会就送来了。我妈妈很爱我哦!"小城马上回应:"我妈妈也很爱我,她经常给我买我喜欢的玩具,我过生日她也会给我买蛋糕。"两个孩子聊着天引来了周围的几个同伴。旁边几个孩子纷纷说起了爸爸妈妈怎么爱自己的事。

老师听到后就抛出问题:"你们的爸爸妈妈是怎么爱你们的呢?"

小欣:"妈妈给我洗澡。"

小瑶:"睡前妈妈给我讲故事。"

小诺:"爸爸教我骑自行车。"

小垚:"我爸爸妈妈会带我去长隆野生动物园玩。"

孩子们大胆地表达自己对"爸爸妈妈的爱"的理解。老师发现,孩子对爱的理解仅仅是爸爸妈妈为自己做的一些事情,对爱的认识停留在表面。老师又问:"爸爸和妈妈的爱是一样的吗?爸爸妈妈的关爱让你们有什么特别的感受呢?"孩子们都用懵懂的眼神望着老师,老师没有急于告诉孩子答案,而是问孩子们:"小朋友们怎么才能知道爸爸妈妈的爱呢?有哪些办法吗?"

媛媛:"我们可以回去问爸爸妈妈。"

绵绵:"我们可以拍照。"

在大家一起想到办法后,老师带着孩子们总结出可以通过提问题、看照片、拍视频等方式来观察爸爸妈妈对自己的爱。于是,孩子们带着任务回家后和爸爸妈妈一起行动寻找答案。他们把收集到的照片、视频资料带到班上和同伴、老师分享讨论。大家一起了解到原来爸爸的爱是给我勇气,带着我给小动物喂食;帮我克服恐惧,陪我检查眼睛;教会我玩不懂的玩具;当我累时抱起我帮我缓解疲劳。妈妈的爱是亲亲我,让我觉得温暖;给我煮好吃的,让我能开心地享受美食……原来,爸爸妈妈的爱除了表现在会照顾我们,教我们本领,带我们去玩,感受快乐,还让我们更加勇敢、坚强、善良、快乐……

爸爸教果果玩玩具　　妈妈给小垚爱的亲亲　爸爸抱着疲劳的妹妹

[评析:幼儿的社会性学习中,情感是一个重要的途径与中介,幼儿

因为爱身边的人，爱这个世界，才愿意学习生活中的一切。小班是幼儿由自然人向社会人转化的重要阶段。受前期生活经验较少的限制，幼儿在日常生活中虽已获得情感体验，但不能具体理解亲人的爱的行为表现，以及爱的付出和自己的关系。于是，教师捕捉到一日生活中的偶发事件"爸爸妈妈爱我"，利用即刻出现的教育因素开展社会性情感教育，是具有及时强化行为的重要教育手段。教师随后采用谈话法引导幼儿围绕"爸爸妈妈爱我"这一主题回忆已有的生活经验，使他们产生相应的情感态度，并发展语言。当幼儿面对问题不能获得答案时，教师没有急于给答案，而是给予幼儿足够的时间，引导幼儿通过多种形式寻找问题的答案。教师突出了幼儿学习的主体地位，作为引导者，帮助幼儿整理、归纳已有的生活经验和知识经验，让幼儿在自主解决问题中发展与提升能力。]

案例二

一起玩"娃娃家"

幼儿玩"娃娃家"，扮演爸爸或妈妈，通过游戏材料的使用模拟出家庭生活的一些情景，从而获得情感体验。

老师问："爸爸妈妈这么爱你们，你们想当爸爸妈妈来爱娃娃家的宝宝吗？"孩子们都回答说："想。"

"娃娃家"游戏开始啦！孩子们对扮演爸爸妈妈很感兴趣。可老师观察到孩子们在"娃娃家"简单粗暴地对待娃娃：有时看到扮演爸爸妈妈的幼儿经常拽着娃娃的胳膊，有时把娃娃扔在地板上；给娃娃放水洗澡时，把娃娃全身浸泡在水里等等。"爸爸""妈妈"不懂得收拾物品，煮饭时食材全部拿出来，满灶台、满桌、满地都是食物。

老师拍了孩子们当爸爸妈妈照顾娃娃的场景照片，让孩子们看照片，讨论这样照顾娃娃行不行。孩子们看到娃娃躺在地上没人照顾、家里到处乱七八糟等等，与生活中爸爸妈妈对自己的照顾形成鲜明对比。

娃娃被扔在地上　　　　　　　　　到处都是煮饭食材

老师问："到底怎么照顾娃娃才能让他感觉到爸爸妈妈的爱呢？比如怎么喂娃娃吃饭呢？怎么给娃娃洗澡呢？家里卫生什么样才觉得舒服呢？娃娃生病的时候怎么照顾他呢？"

小瑶："给娃娃喂饭要一口一口慢慢喂，还可以抱着他。"

圆圆："要做卫生，家里干干净净的。"

潇潇："用毛巾给娃娃擦身体洗澡。"

小朋友一起想了很多爱娃娃的方法。

[评析：《3—6岁儿童学习与发展指南》指出："幼儿的社会性主要是在日常生活和游戏中通过观察和模仿潜移默化地发展起来的。"角色游戏是幼儿园最典型、最具特色的培养幼儿社会性发展的游戏。小班幼儿年龄小，学习多半是依靠观察，喜欢模仿同伴和成人的行为而忽略情感表达。由于缺乏系统整合的前期经验，小班幼儿游戏中经常以自我为中心，主观愿望和实际能力经常发生矛盾，游戏过程中也常表现出各种不当行为，如乱扔东西、游戏行为不当、角色胜任感不强等。而幼儿的情感无法靠说教和灌输养成，最好的途径是环境的熏陶和同伴、家人、教师的亲身示范。教师深入角色游戏"娃娃家"中，敏锐捕捉到游戏中幼儿缺乏情感感受的问题，通过照片和视频让幼儿感受到自己照顾宝宝与生活中爸爸妈妈照顾自己的区别，探讨了照顾娃娃的正确做法。]

案例三

娃娃家搬新家啦

班级已有简单的、能满足幼儿游戏基本需求的娃娃家。但随着幼儿游戏的深入，娃娃家空间小、功能少的问题暴露出来了。老师观察发现幼儿角色互动时较拥挤，洗澡盆紧挨着床铺，娃娃洗澡没有一个方便的地方穿脱衣服，扮演妈妈的幼儿经常把娃娃放地上，等放水和穿衣服；衣服放在澡盆里洗；洗好的衣服直接放到衣橱里等。

要怎么给娃娃洗澡、洗衣服呢？小朋友们调动自己的生活经验。小欣说："我洗澡都是在家厕所里放个澡盆洗澡，洗完包好浴巾到房间穿衣服。"小媛说："我妈妈给我洗衣服都是放到阳台的洗衣机洗，或者在洗衣池里手洗。"圆圆说："我妈妈洗好的衣服会拿衣架挂到阳台晒干再收到衣橱里。"发现娃娃家没有阳台、厕所、书房。

小朋友们一番讨论后，他们规划好娃娃家布局，扩大娃娃家空间，细化出厨房、卧室、厕所、阳台、书房、客厅，把娃娃家打造成接近真实家居的模样。幼儿迫不及待地在调整后的娃娃家里开展角色游戏：有的幼儿先把娃娃放在更衣床上，然后给娃娃放水、拿更换衣物，准备好后，再把娃娃抱进澡盆洗澡；有的幼儿在阳台的洗衣池洗衣服，洗完把衣服晾晒到晾晒架上；有的幼儿抱着娃娃一同睡在大床上哄娃娃睡觉；有的幼儿抱着娃娃在书房给娃娃讲故事等等。丰富和扩大的娃娃家环境，支持了幼儿更多的角色需要，让幼儿懂得照顾娃娃的方法。

整齐摆放餐具准备就餐

给生病的"宝宝"喂水

扶着"宝宝"洗澡

小班主题教育活动

在阳台洗衣池洗衣服　　　　　　把衣服晾晒到阳台晾衣架上

[评析：良好的游戏环境创设能激发幼儿更多的角色行为和游戏想象，使幼儿与环境积极互动，帮助幼儿再现生活经验、体验生活乐趣、练习生活技能。创设真实的游戏情境，让幼儿身临其境是顺利开展角色游戏的关键因素。因此，教师在创设情境时要尽可能地还原现实生活，创设的游戏情境与实际生活情境有极高的相似度，可以帮助幼儿在环境中还原生活情境，调动情感经验，再现情感表达，加深幼儿的生活经验和情感体验，提高幼儿的社会性发展。]

案例四

"娃娃家"里的真娃娃

"娃娃家"活动开展一段时间后，老师发现孩子们没爱护娃娃，经常拽着娃娃，让娃娃躺地上。于是，老师预设了娃娃家的一个新角色，请小朋友自己来扮演娃娃。

小瑶躺在创设的大床上喊着："我生病了好难受啊，我想躺一躺。"紧接着，潇潇和瑶瑶一同来到床边关心地问："宝宝，你哪里不舒服啊？"瑶瑶一边问，一边用手摸小瑶的头观察是否发烧。潇潇说："我给你倒杯水喝下，你就会好多了。"说完，便把小瑶轻轻地扶了起来，慢慢地喂水。小瑶看

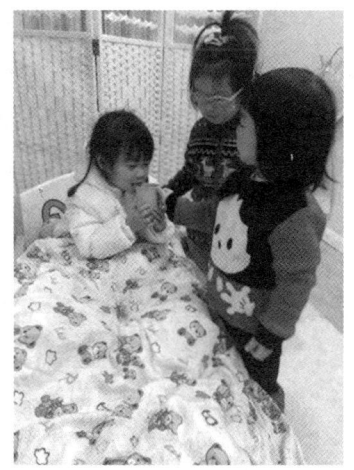

发烧了要多喝水

57

到有人来关心自己便露出笑容，接过杯子做了喝水的动作，喝完说："我感觉好多了。"

［评析：在"娃娃家"中，孩子们扮演爸爸妈妈和假娃娃互动，假娃娃无法给出真实的反馈感受和回应。幼儿虽能模仿照顾娃娃的一些动作和言语，但情感输出是单向的，得不到回应，游戏玩几次后就变得很无趣。教师增设"真娃娃"角色，引导幼儿结合真实的生活情境来体验和感受游戏过程，帮助幼儿在人与人交往互动中获得真实情感，获得共情能力。教师增设的"真娃娃"角色弥补了假娃娃不能互动的不足，在游戏场景中扮演爸爸、妈妈和宝宝的三位幼儿能更真实地体验关心和被关心的情感共鸣，习得正确的表达关心关爱的方式，实现游戏活动目标。］

案例五

为什么要做家务？

一天，涵涵和小颖在聊天，涵涵说："昨天我帮助妈妈叠衣服了，妈妈说我很厉害。"小颖接着说："我还在家里扫地呢！"旁边的孩子们也跟着聊了起来，说起自己在家都帮助爸爸妈妈做了些什么。

老师听到后，组织孩子们围坐在一起，提出问题："我们为什么要帮助爸爸妈妈做家务呢？"

涵涵："妈妈说她很累，要我帮她。"

汤圆："是我自己把玩具玩乱的，爸爸教我要自己整理起来。"

涵涵帮妈妈洗碗

莉莉帮妈妈打扫客厅

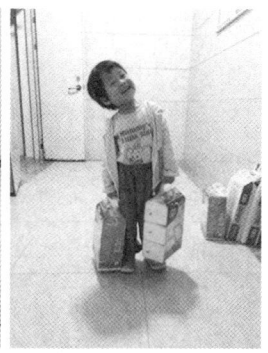
圆圆帮妈妈提东西

圆圆:"我叠衣服很整齐,所以都是我叠衣服。"

莉莉:"我很爱妈妈啊,妈妈很辛苦了,我帮她她就不累了。"

孩子们纷纷说出自己做家务的出发点:帮爸爸妈妈做家务。老师抛出新的问题:"爸爸妈妈为什么要在家做家务呢?他们是在帮助谁?"小玮马上说:"爸爸妈妈是在帮助我们家里做事情。"老师追问:"小朋友要不要帮家里做家务呢?"孩子们纷纷回答:"要。"

[评析:小班幼儿年龄小、动手能力较差,很少参与家务劳动。家长虽然鼓励幼儿做些简单家务劳动,但多停留在口头要求上,导致孩子家务劳动意识薄弱,劳动技能缺乏。老师发现,很大一部分的孩子做家务都出于完成爸爸妈妈布置的"任务",只有个别幼儿是从帮助爸爸妈妈分担劳动、关爱爸爸妈妈的角度出发,大部分幼儿并没有主动承担家务的意识和愿望。在发现个别幼儿有帮助爸爸妈妈分担家务的意识后,教师马上带动幼儿讨论"要不要帮家里做家务",引起幼儿的讨论与思考。在和同伴与教师的讨论互动中,幼儿能够更深入地感知"家"的概念,感受家庭责任。]

案例六

爸爸妈妈想要的礼物

在一次谈话活动中,孩子们和老师讨论要送什么礼物给爸爸妈妈。

阿若:"我要给妈妈做一条裙子。"

小逸:"我的爸爸要过生日了,我要做个大蛋糕给他。"

灿灿:"我爸爸有很多很多耳机,我要送他好多耳朵戴耳机。"

柠柠:"我要送妈妈一堆棒棒糖。"

孩子们兴致高涨,你一言我一语地讨论起来。等孩子们说得差不多了,老师接着问道:"你们知道爸爸妈妈想要什么礼物吗?"一部分孩子摇摇头表示不知道,还有一部分孩子回答道:"我妈妈爱臭美,她肯定喜欢好看的项链。""我爸爸能吃好多好多东西,我可以把幼儿园的点心送给他吃。""我妈妈喜欢包包。"老师又问:"爸爸妈妈喜欢这些礼物吗?我们

能用什么方法来了解爸爸妈妈到底喜欢什么礼物呢?"

仟仟:"我们问问爸爸妈妈。"

瑾儿:"让爸爸妈妈把想要的礼物画下来放到我的书包里,我就能帮他们实现啦!"

在找到办法之后,孩子们回家和爸爸妈妈聊天,请爸爸妈妈画心愿卡。回到幼儿园以后,孩子们纷纷拿出书包里的心愿卡和小伙伴、老师交流讨论,想办法实现爸爸妈妈的心愿。孩子们了解到,原来爸爸妈妈想要的礼物并不只是裙子、蛋糕、包包这些物质上的东西,很多爸爸妈妈想要的礼物是一个吃饭快快的宝宝、一个能自己整理玩具的宝宝、一个不挑食的宝宝等等。

[评析:3—6岁幼儿的思维是具体形象的,对事情的认知往往建立在自己的主观喜好和感受上,当讨论要送什么礼物给爸爸妈妈时,幼儿很自然地根据自己的喜好及日常对爸爸妈妈的观察,提出要送衣服、点心、项链等,这些都是幼儿真实和真情的表达。教师提出了"爸爸妈妈喜欢这些礼物吗",鼓励幼儿通过询问、交流,进一步了解爸爸妈妈喜欢什么,并帮助幼儿实现爸爸妈妈的心愿。在这个过程中,幼儿不仅初步懂得了应先了解他人的愿望和想法,才能送出他人真正喜欢的礼物,而且也感受到礼物不单只是物品,努力和进步才是爸爸妈妈最期望的爱的礼物。]

六、反思与感悟

《3—6岁儿童学习与发展指南》中社会领域"人际交往"的目标指出:要引导幼儿尊重、关心长辈和身边的人,尊重他人劳动及成果。结合幼儿在日常生活中的表现,我们发现,家是幼儿生活的第一个群体环境,也是最能给予幼儿积极的情感体验的地方,但受中国传统文化的影响,大部分家长在付出爱时很少用语言向幼儿表达爱,以致幼儿更多的是理所当然地接受,不能理解在家庭环境中亲人的付出是一种爱的表现,同时也难以感受、体验到他人的付出,不知道要如何回馈与表达自己的爱。于是,教师捕捉这一教育契机,结合当下小班幼儿的实际发展需要,从"爱"的知、情、意、行多个维度设定教育目标，以儿童为本，关注幼儿情感发展和社会关系建构，开展各类支持性活动，推进关爱课程中"爱"的主题活动。

1. 把握幼儿对社会关系的理解和认知。

幼儿对他人与社会关系的理解是建立在与自我有密切联系的经验基础之上的，如"我的爸爸妈妈""我的家庭""我的同伴""我的老师""我们的幼儿园""我们的社区"。远离幼儿生活经验的学习既难以引起幼儿的兴趣，也难以真正为幼儿内化。所以，教师捕捉"爸爸妈妈爱我"这一教育契机和话题，从幼儿自我与最亲近的成人关系建构角度出发，开展一系列以幼儿为本的、基于幼儿情感关系表达和经验整理的社会教育主题活动，有助于幼儿感知爱，发现爱，表达爱，学会爱父母、爱身边的人。

2. 关注幼儿作为主体的情感表达与升华。

幼儿期是情感发展的黄金期，要让幼儿学会正确地关爱别人，向别人表达自己的爱尤为重要。教师应充分利用这一时期，为幼儿创设情感体验情境，帮助幼儿发现、感受身边的情感氛围，激发、培养幼儿表达自己情感的意愿及能力。如教师引导幼儿注意爸爸妈妈的爱，并作出反应和价值判断，通过模仿、操作等行为建立情感关系，同时，也对"感受爸爸妈妈的爱"进行情感联结，结合到具体的"娃娃家"情境中，亲身体验、实际感受，充分体验自我与他人的情感关系表达方式，继而内化为个人品质。

3. 采取合理多样的支持建构方式。

教师在主题活动推进过程中，始终坚持以幼儿实践体验为主的方法，如行为练习、角色扮演、亲身实践、移情训练等，结合小班幼儿好模仿、好动的特点，创设幼儿熟悉、理解和喜欢的角色活动情境，使幼儿具有相应的经验储备和情境感受积累，唤起幼儿对情境活动的行为理解和情感共鸣。同时，教师也通过语言交流的方法，整理归纳幼儿的已有经验，与幼儿讨论创设模拟幼儿真实的生活居家环境，开展丰富的游戏活动，促进幼儿在角色游戏中迁移关爱他人的情感，提高生活经验。

中 班

主题教育活动

奇妙的地铁

一、主题由来

晨间活动时，迟到的冬冬兴奋地告诉老师："我爸爸开车来幼儿园时被堵住了，因为路上在修地铁。"几个幼儿也说起自己坐地铁的有关经历："我坐过地铁到宁化站，我以前的家在宝龙。"他们对地铁的模样感到好奇。"地铁是什么样的？""地铁很长很长，就像动车。""我爸爸说地铁和动车不一样，地铁是开在地下的。"他们对刚落户福州的地铁产生了浓厚的兴趣。为此，我们引导幼儿以"奇妙的地铁"为主题展开了一系列的探究之旅，感受和体验地铁与人们生活的关系。

二、活动目标

（一）总目标

1. 乐意与同伴交流讨论乘坐地铁的感受，体验地铁给人们出行带来的便利。
2. 观察了解地铁的基本特征和主要设施，知道安全乘坐地铁的方法。
3. 能记录和分享乘坐地铁的发现。
4. 尝试与同伴合作制作及装饰地铁车厢，能参与地铁游戏的材料准备。
5. 了解地铁工作人员的主要工作，尝试自主扮演角色开展地铁游戏。

（二）子目标

活动一　地铁的秘密

1. 初步了解乘坐地铁的方法，感受乘坐地铁的便捷。

2. 观察了解地铁的基本特征和主要设施，学习运用简单的方法记录自己的发现。

3. 愿意与同伴交流讨论乘坐地铁的感受与发现。

4. 认识地铁站的主要安全标志，知道安全标志的作用。

活动二　地铁再体验

1. 学会安全乘坐地铁的方法，进一步感受地铁给人们生活带来的便利。

2. 知道南门兜站是1号线和2号线路交汇的换乘站点，认识站点的标志。

3. 观察地铁路线图，与同伴交流离家最近的站点，尝试记录地铁途经的景点。

4. 了解地铁上的安全器械，懂得突发危险时的自我保护方法。

活动三　我们的地铁游戏

1. 喜欢参与小组讨论，能大胆表达自己装饰地铁车厢的想法。

2. 尝试小组分工合作，共同完成地铁车厢的设计。

3. 能根据设计图收集所需的材料，并与同伴合作装饰地铁车厢。

4. 了解地铁工作人员各自的任务，较逼真地扮演角色开展地铁游戏。

三、网络图

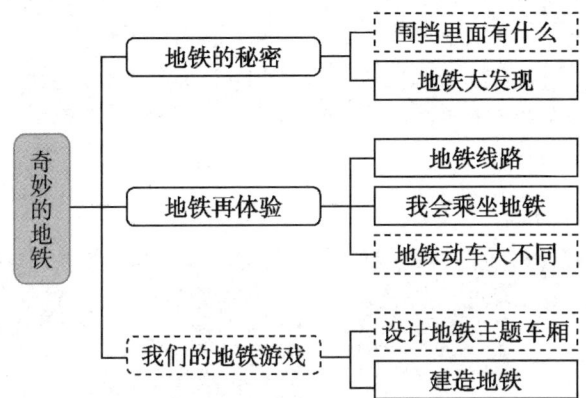

备注：实线部分为教师预设的活动，虚线部分为幼儿生成的活动

四、环境与资源

师幼共同讨论地铁和动车的区别，亲子一起寻找离家最近的站点，体验乘坐地铁的便捷，学习乘坐地铁的方法等，一系列探究过程的照片与图文表征展示在主题墙上，不断引发幼儿围绕真实的生活体验，持续展开交流互动的兴趣和积极性。活动区角提供的自制地铁小书、地铁线路棋以及创作主题车厢的废旧材料等，让幼儿在游戏中进一步丰富对地铁的认知，进行自主表达表现，体验与同伴分工合作的快乐。

（一）环境创设

1. 主题墙。

地铁和动车的区别

地铁站的新发现

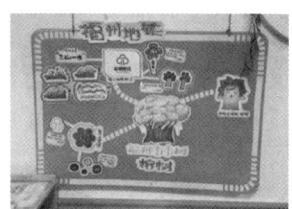 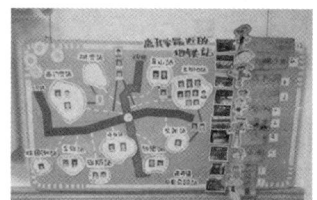

福州地铁站标志　　　　　　离我家最近的地铁站

2. 活动区角。

语言区：说一说我的地铁小书

美工区：设计和装饰地铁主题车厢

益智区：找地铁出口、猜地铁标志、下地铁线路棋等

（二）资源利用

1. 带地铁相关绘本和玩具到班级与小朋友分享。

2. 家长带领幼儿乘坐地铁，搜集地铁相关信息，制作亲子地铁小书。

3. 共同收集纸箱、纸盘、蛋糕叉勺等材料装饰主题车厢。

4. 通过亲子乘坐地铁活动,记录新发现。

地铁大发现

地铁线路:　　　姓名:　　　座号:　　　　　日期:　　月　　日

乘坐地铁的流程 (幼儿绘画)	地铁站的设施 (粘贴彩印照片)	过安检的注意事项 (幼儿绘画)	我的疑问?

五、典型案例

案例一
道路围挡里面在做什么？

早晨，几个孩子围坐在一起互相说着来园路上的发现。孩子们正聊着，小泽气喘吁吁地跑进班级。

小泽："老师，我有没有迟到？"

教师："发生什么事了？"

小泽："我今天迟了，马路被拦起来了，绕了好远才到。"

萱萱："我爸爸开车也被堵在那里，开好慢。"

教师："你们知道是在什么地方堵了？"

小泽："我知道，是在大榕树那里。"

小妍："是高峰桥站，我和阿公坐128路公交车就是那里。"

教师："为什么马路会被拦起来呢？"

月亮："里面好吵啊，到底在做什么事情呢？"

小屹："挖掘机是来挖隧道的吗？会建动物园吗？"

云云："我明天让阿公带我去看看。"

孩子们自主观察到上学道路上的变化，并对这些变化充满好奇，产生了浓厚的探究兴趣。

第二天，孩子们又聊了起来。

小泽："地铁是在地下建的，我妈妈说放学带我去坐地铁。"

教师："你们有什么发现吗？"

小泽："我发现那里是在建地铁，我爸爸说是4号线。"

子林："我坐过地铁，茶亭站附近

杨桥路上的地铁围挡

就是我家。"

几个小朋友也围过来说"我也坐过地铁"。

云云:"地铁长长的和动车一样。"

萱萱:"爸爸说地铁和动车不一样,地铁是开在地下的。"

就这样,孩子们用已有的生活经验开始交流与争辩。他们对地铁的好奇心引发了教师的思考:福州城市建设蓬勃发展,交通日新月异,地铁将逐步成为福州市民较为常用的交通工具,作为生活在福州的孩子们,能切身感受到这样的变化,教师要及时捕捉中班孩子们对地铁的关注点和兴趣点,展开适宜的探究活动、游戏活动,满足孩子们探究地铁的好奇心,萌发孩子们对家乡变化的自豪感。

[评析:孩子天生有主动探究的愿望,能主动观察、发现周围事物的变化。上学迟到了,因为路上堵车了。为什么会堵车?因为路面在修地铁,设置了围挡,影响出行。"修地铁"在成人看来是非常正常的城市交通规划现象,本来与孩子的生活没什么联系,却与孩子的生活发生了碰撞,与孩子是否能准时入园有了直接联系。"地铁"一词就很自然地进入孩子的视野,引发孩子们强烈的探究愿望。教师尊重孩子的发现,接纳孩子们的好奇,给予充分的时间让孩子去探究"道路围挡里的秘密",让他们有机会去探究自己想知道的问题,发现问题的价值。即便有些问题是无法直接探究的,教师也可以和孩子就这些问题展开讨论,或在家长的帮助下尝试发现和思考。]

案例二

地铁大发现

孩子们对地铁有着浓厚的兴趣,时常听到几个孩子拿着照片相互说着自己和爸爸妈妈乘坐地铁的新发现。

萱萱:"我和妈妈昨天去坐地铁了,它在地下,要坐电梯下去。"

云云:"我是坐手扶梯。"

教师:"你们乘坐地铁时还有什么发现吗?"

小诺:"我发现了要安检,水要喝一口才可以。"

小妍:"要用钱买票,票是红色的,上面画了一棵榕树。我还发现有的人没有买票,用手机刷一下就进站了,妈妈跟我说那个是刷二维码。"

小帅:"我和妈妈坐地铁看到很多工作人员,他们穿一样的衣服。"

乘坐扶梯到地铁入口处

教师:"你们都发现了地铁站的秘密,地铁到底是什么样子的?它跟公交车有什么不一样?"

小禾:"我发现地铁比公交车长,地铁的座位和公交车一样,是靠着门的。"

小熊:"地铁有扶手,可以扶,地铁上有广播,有英语,还有福州话,到站的时候会提醒你下车。"

书包也需要安检

小晨:"公交车在地面上开,地铁在地下开。地铁里面要开灯,因为地下很黑。"

萱萱:"地铁有两个门,它会自动开,外面是地铁的门,里面是保护我们的安全门。"

到自助售票机购票

刷地铁票通过翼闸

子林:"要排队上车,有绿色的线,还有脚印,要踩在那里排队。有很多大人都没有排队,妈妈说要'先下后上',他们都没有排队。"

教师:"是的,不论乘坐什么车,都要按秩序排好队。你是一个懂规则、文明的小朋友。还有什么发现吗?"

小吉:"地铁站有手扶梯和电梯,我和妈妈坐手扶梯下来看到一个坐轮椅的人从电梯里面出来。"

绿色安全线内排队等候

小鑫:"地铁是有轮子的,我看到了。"

豪豪:"地铁没有轮子。"

子林:"有,地铁有轮子,没有轮子开不了,车都是有轮子的。"

教师:"你有什么办法可以让我们知道地铁有没有轮子呢?"

孩子们为了求证地铁到底有没有轮子、为什么有轮子展开了讨论,同时也想出了很多方法:

* 问爸爸妈妈,和爸爸妈妈上网查资料

* 再次乘坐地铁时仔细观察

* 询问地铁工作人员

通过师幼多次互动,孩子们对地铁和地铁站有了更清晰的认识,知道地铁是在地下运行的,乘坐地铁需要过安检、买车票,买票的方式是多样的。孩子们对地铁的轮子产生了兴趣,教师支持和引导孩子们继续推进对轮子问题的探讨,并启发孩子们讨论出解决困惑的方法。

[评析:科学活动应为幼儿提供直接感知、亲身体验、实际操作的机会。"以儿童为本"的教育观应深入教师心中,体现在每个孩子身上。科学认知的概念建立在幼儿操作的基础上,在揭秘地铁和地铁站奥秘的过程中,教师充分挖掘和利用家长资源,在家长带领孩子乘坐地铁、观察地铁站的过程中,为幼儿科学探究创造了条件,幼儿获取了乘坐地铁、认识地铁站相关指示、了解乘车要求的直接经验。此外,教师的角色是带领幼儿

进入到有目的的探究活动中，从"乘坐地铁的发现""地铁的秘密"到"地铁的车轮"几个问题的推进，教师提出适当的问题为幼儿指明探究方向，持续推动他们探究问题和解决问题。]

案例三

地铁线路真多啊！

经过一周时间的探究，孩子们对地铁的基本情况有了一定的了解。周末，家长带着孩子再次乘坐地铁。

小泽："我和周云云一起坐的地铁，在东街口。"

小熊："我家旁边的地铁站正在建，妈妈说是4号线，昨天我和妈妈去了达道站坐地铁。"

子林："茶亭站就是我家呀！"

月亮："我家和小梓家很近，我们是一起去坐地铁的。"

小萱："妹妹也和我一起去坐地铁，车厢上有很多小鱼的图案，像海洋一样的车厢。"

小泽："我爸爸说，福州现在只有1号线和2号线，其他还在建。"

教师："我们一起把福州已开通的线路画出来，你们来找一找、说一说你乘坐的地铁是几号线，哪个站点？"

子林："1号线，茶亭站坐到东街口站，就到幼儿园了。"

小熊："达道站也可以到幼儿园，但是要转车。"

小灿："我也是从达道站出发，到南门兜站转成1号线到东街口，然后就到幼儿园了。"

教师通过与孩子们讨论、画图的方式，引导孩子们将抽象的位置概念转化成具体形象的线路图，让孩子们清楚地观察到福州地铁线路

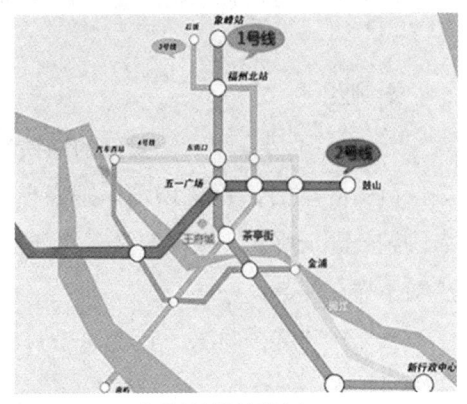

福州地铁线路图

的方位特点，对福州地铁的线路有了直观形象的认识。

根据孩子们的讨论结果，师幼共同制作了"离我家最近的地铁站"展示栏，孩子们在晨间、自由活动时喜欢在展示栏前指指、数数、画画，与同伴交流互动地铁站话题。

小禾："你看，我家离祥坂站近，云云和我一样。"

小熊："小灿和我的家很近，因为我们一样都是达道站。"

小萱："月亮家在宁化站，我要去月亮家玩，我到南门兜站了，换乘2号线，耶，我到宁化站了。"

子林："安吉，为什么你的照片在外面，还有线连着？"

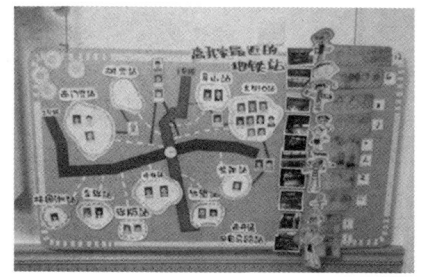

数一数离我家最近的站点

安吉："我妈妈跟我说，我家旁边有两个站，都可以到，很方便。"

[评析：教师的支架作用除了抛出指向性问题进行引导外，还可以为幼儿的探究提供物质材料和相应的环境，如根据幼儿的直接经验绘制简单版的地铁站点线路图，帮助幼儿直观形象地理解自己的乘车线路方位和同伴的线路图，利用适宜的信息资源了解站点之间的关系和不同。幼儿通过与开放性的环境材料互动，从知道自己家附近的地铁站点延伸到根据地铁站的远近判断与同伴家的远近，引发幼儿对地铁游戏的兴趣和向往。]

案例四

我们的地铁游戏诞生啦

自由活动时，萱萱和乐乐搬来小椅子，坐在上面说："我们要出发，去西湖公园玩啦。"好几个孩子也围过去说"我也要去"。他们也搬来了小椅子靠在一起。

云云："这么多人，我们这个开的是地铁，地铁可以坐很多很多人，去很多地方。"

子林："我新家在东街口地铁站旁边，我坐过地铁到宁化站，我也要坐地铁去。"

于是，他们把椅子转到一个方向，在座位上开始玩地铁的游戏。子林说："我是地铁小司机。"云云也说："我也是小司机。"大家都说自己是小司机。他们像开车一样转动着方向盘。子林说："东街口站到啦！"云云又变成了乘客，说："司机司机，我下车了！"于是，云云起身离开座位。

[评析：从幼儿的对话可以发现，幼儿对地铁已经有初步的认知经验，例如：地铁是在地下的，地铁是长长的，地铁从一个站到另一个站，地铁要报站，到站下车等。幼儿迁移原有的经验，知道所有的车辆都有司机，于是自发生成司机开地铁游戏。但是，幼儿对地铁司机和报站下车方式没有认知经验，仍然像开汽车一样开地铁；幼儿对地铁座椅的摆放方向不了解，直接迁移原有的公交车游戏经验，将椅子摆成两列。下阶段，通过师幼互动、亲子互动，确定地铁游戏的玩法，交流地铁的构造、地铁司机是怎么开车的、乘客如何上车下车等，并收集相关图片，播放地铁司机工作的视频，丰富幼儿经验。]

案例五
你们的地铁不好玩

伴随着地铁主题的开展，孩子们带来了相关的绘本、图片、模型等。子林指着图片说："地铁的座椅是在旁边的。"咚咚说："地铁司机和公交车司机不一样，地铁没有方向盘，地铁有很多按钮，还有一个杆子。"于是，孩子们开始第二次地铁游戏。

子林和同伴合作把椅子摆在活动室中间，面对面摆成两排，还搬了教师的高椅子当地铁司机的座位，玩起了地铁游戏。子林、云云、小屹都想当司机，三人争执不休。子林说："我们石头剪刀布，赢的人当司机。"子林赢了，高兴地当上了司机。没有当上司机的小屹和云云一脸的不高兴，云云撇着嘴哭了起来，小屹则说："好吧，那我来当乘客。"子林对云云说："你别哭了，太吵了，好吧，让你当一下司机，等一下你要让我当。"云云破涕为笑，当上了司机。

很快，地铁就被乘客占满，已经没有空位。小屹主动当起协调员，对还想上地铁的孩子们说："你们别上来了，车满了。"

妍妍说："你们这个什么地铁啊，我坐过的地铁明明很多人可以站在中间。"小屹说："不行不行，太挤了，不能再上来了。"

妍妍生气地说："你的地铁一点都不好玩，地铁是可以钻进去的，你的地铁没有门，也没有窗户。"

［评析：三位幼儿能够迁移同伴分享的经验，将椅子面对面摆成两排，知道地铁驾驶室应设置在最前面。活动中，每位幼儿对地铁司机都很感兴趣，都非常喜欢参与开地铁的游戏，在遇到谁当司机的分歧时，幼儿能够自主协商通过石头剪刀布的方式解决问题。但幼儿对于规则遵守和处理的方式表现不同：小屹能够服从规则，输了之后选择当乘客；而云云却固执地哇哇大哭。教师可以此为契机，在接下来的活动中生成关于遵守公共秩序的延伸活动。对于地铁构造的经验迁移和操作再现中，妍妍在观察后也提出新的问题，地铁是有门窗的，中间可以站人，教师要肯定幼儿细致认真的新发现，完善地铁游戏，补充材料，丰富情节，为推进下一步的游戏活动作好铺垫。］

案例六

我们的地铁车厢

孩子们决定动手做地铁车厢，他们先后两次收集了材料，能根据需要不断调整材料。

第一次收集

孩子们回家收集了许多材料，有快递的箱子、纸盒、纸板等，他们想用这些材料来做车厢。

方法一：纸盒、箱子只能给小动物当车厢。

妍妍说："这是小蚂蚁的车厢吧，我们怎么能钻进去呢？"他们发现这些箱子、盒子都太小了，无法容纳小朋友在里面做游戏。

方法二：把小纸板变大，可以当车厢。

小屹说:"可以把纸板粘在一起,变成大大的,就可以当车厢了。"于是,小屹和几个小朋友尝试把纸板粘在一起。小屹到美工区找来双面胶,咚咚到抽屉里面找到固体胶,昕昕也拿来白乳胶。他们把两块纸板叠在一起,小屹剪了一段双面胶,粘在两个纸板上。咚咚和昕

合作粘贴车厢

昕拿着自己的胶往箱子上涂抹。他们开心地将纸板扶起来,发现两块纸板又分开了。咚咚说:"你的双面胶也太短了吧,都粘不住。"他们只好将纸板放倒在地上。小屹剪了更长、更多的双面胶,贴在两块纸板的重叠处。这次双面胶起了固定作用,纸板歪歪扭扭地粘在一起,勉强能立起来。

他们开心地让教师和其他孩子们过来瞧瞧:"你们看,我们成功啦!大家快来坐地铁。"孩子们蜂拥而至,争抢着要上地铁。推推挤挤中,刚粘贴好的纸板又四分五裂,有的还被踩变形了。小屹生气地说:"你们都把我们辛辛苦苦做好的车厢弄坏了。"珂珂说:"我们没有,是你的车厢不牢固。"

教师组织孩子们针对"车厢不牢固"的问题展开了一系列讨论。

讨论一:为什么小屹的车厢这么容易坏了?

(1)因为小朋友太挤了,把车厢挤坏了。

(2)纸板太薄,双面胶粘不牢固。

讨论二:什么样的材料适合做车厢?

(1)纸箱,但是要大大的,我们能钻进去玩游戏的。

(2)要很硬的纸箱,要不然容易弄坏。

讨论三:怎样收集适合的材料?

(1)找爸爸妈妈帮忙。

(2)问问我爷爷的店里有没有大纸箱。

(3)问问快递员叔叔有没有大纸箱。

讨论四:我们容易忘记这些材料,用什么方法可以把这些记住?

（1）可以请老师给爸爸妈妈发微信。

（2）我们可以把需要的材料画下来，带回家。

第二次收集

孩子们把自己画的信带回家。第二

画一画我们的求助

天，贝贝就给我们带来了好消息："我的爸爸认识斯坦威钢琴的叔叔，叔叔的仓库里有许多大大的钢琴纸箱。钢琴纸箱又大又硬，我们可以用来做地铁车厢。"于是，贝贝和爸爸运来了许多的钢琴纸箱。

孩子们用大纸板围成地铁的车厢，在车厢两侧摆上椅子，玩起了地铁游戏。晨晨搬了椅子，坐在最前面当司机。几个孩子在车厢里面开起了玩笑，大纸板车厢轰然倒地。小屹想要把纸板扶起来，但是纸板太重。他对着其他几个孩子喊道："你们快来帮忙，这个太重了。"几个孩子合作，把大纸板扶起来，继续钻进车厢里面。不一会儿纸板车厢又倒了，晨晨发现她一放手纸板就会倒下，她只好这样一直扶着。看着别的孩子在玩游戏，她也很想玩，于是就说："小禾，你来扶一下，让我也玩一玩。"小禾不愿意过来帮忙，晨晨生气地放开手，纸板车厢又倒了。

开始地铁游戏啦

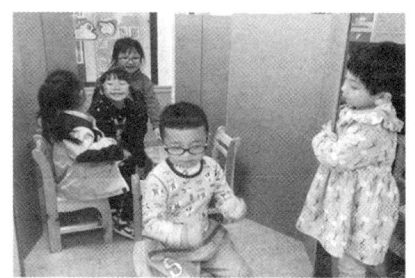

扶住不稳的车厢

聪明的子林拿来凳子顶着纸板，但是纸板车厢还是倾斜着。小屹想了办法，拿来双面胶，要把大纸板粘在凳子上。可是纸板太厚太重了，没一会儿双面胶被倾斜的纸板扯了下来。

小屹找到了老师，请求帮助。老师给他们提供了更好的工具——透明胶。透明胶比较宽、粘性好,能固定好纸板,这下不用担心纸板会倒了。

[评析:幼儿园科学教育需要注重家园联系,在家园合作中共同促进幼儿全面发展。当幼儿不断尝试失败后,他们能迁移写信的经验,绘制求助信,向家长寻求帮助,解决材料的问题。沟通过程中,幼儿萌发了初步的责任意识,及时与家长沟通,并对纸箱的收集情况在班内作出回应。而在第二次游戏中,当纸板再次倾倒时,个别幼儿能够迁移已有的经验,利用椅子顶着、手扶着的办法,尝试解决问题;当问题解决不了时,幼儿能够寻求教师、同伴的帮助,固定好纸板。但游戏过程仍存在游戏材料和情节单一的现象。下阶段,教师将进一步与幼儿讨论"如何乘坐地铁",引导幼儿利用餐后、起床等时间分享亲子小书,回忆乘坐地铁体会,丰富游戏情节;鼓励幼儿收集地铁玩具,增强幼儿对地铁车厢外观的了解,为制作主题地铁车厢做准备;投放地铁书籍,丰富幼儿乘坐地铁的认知经验。]

案例七

我们的主题车厢

有一天,云云兴奋地告诉同伴,他在坐地铁的时候发现有的车厢特别漂亮。

云云:"我星期天跟爸爸妈妈一起坐地铁,车厢里画的全是漂亮的榕树。"

小熊:"这个车厢我知道,这个是主题车厢,我也坐过的。"

教师:"你们还见过什么车厢呢?"

妍妍:"我和爸爸妈妈坐过茉莉花车厢,地板上都是茉莉花。"

教师组织孩子们欣赏了不同主题的车厢图片,有海洋车厢、老夫子车厢、茉莉花车厢等。

孩子们提议:"我们也来做一个这么漂亮的车厢吧!"

于是,孩子们按照座位分成了五组,分别讨论自己想在车厢上画些什么,设计什么主题的车厢。

孩子们天马行空想了许多,安妮说:"我想画安康鱼,它的头上有灯。"沁妍说:"画水母,水母有许多手。"晨晨说:"我想画彩虹。"

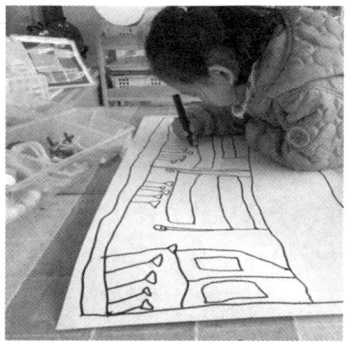

小组协商、设计主题车厢

为了支持孩子更好的交流、协作,教师鼓励每位孩子都把自己的想法画出来,通过绘画的形式表达自己的想法。每桌孩子以投票的方式,选择画在车厢上的图案,并确定小组车厢的主题。

主题车厢设计展　　　给最喜欢的主题车厢方案投票

 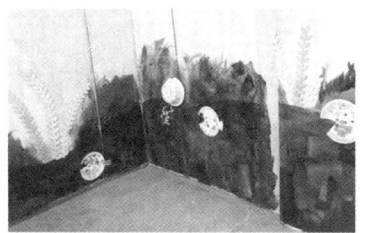

装饰海洋主题车厢

[评析:幼儿通过前期的体验,乘坐地铁,观看地铁书籍、视频等方式,对地铁车厢的内部结构有了一定的认知。教师采用小组活动和个别活动的形式,尊重幼儿的意愿,肯定每位幼儿的个性化体验和表达,引导幼

儿设计自己喜欢的车厢，再以小组协商、投票的方式确定车厢主题，实现从个人到小组活动的有机融合，促进幼儿主动表达和参与，也萌发了幼儿协商合作的意向，推动个体与集体的和谐统一。接下来，教师继续在游戏中创设机会，例如小组制定游戏计划、小组创设游戏场地等支持幼儿协作游戏。]

六、反思与感悟

福州地铁的开通，给我们的生活带来了许多变化和便捷，使人们的出行方式发生巨大变化。地铁这一新鲜事物的出现，引发幼儿的关注。"奇妙的地铁"选自幼儿身边真实发生的事件，从幼儿入园时的一个偶然话题，生成探索地铁的多样主题活动，教师让幼儿通过探究生活中熟悉的、感兴趣的事物来激发探究兴趣，同时也帮助幼儿将零散的、抽象的科学概念变得生动、具体，引导幼儿充分体验科学与生活的密切联系，用整合渗透的理念挖掘各领域的课程资源和教育价值。

活动从孩子们中来，既贴近孩子的实际生活，又能满足他们的兴趣和关注点。活动中教师联系幼儿生活经验、搭建支架，通过设计科学探究的问题，进行问题引导，提供物质材料和相应的环境，挖掘可利用的家长、信息、社区资源，创设民主、宽松的心理氛围，让孩子们在生活考察、自主探究和游戏活动中初步了解地铁的相关知识经验，学习和体验乘坐地铁出行。正如《指南》中指出的，科学教育的内容应该生活化，中班幼儿能对事物或现象进行观察比较，发现其相同与不同，并能通过简单的调查收集信息。教师要充分支持和鼓励幼儿分享自己的发现和疑惑，培养幼儿团结协作、迁移生活经验的学习品质。

此外，教师通过引导孩子动手操作、主动探究，利用和挖掘家长资源，在家长的带领下让幼儿体验乘坐地铁，发现地铁站有各种设施、各种安全标志等细节。教师在尊重幼儿主体地位的同时，提供他们与同伴分享、交流自己乘坐地铁的发现与感受的机会，丰富关于乘坐地铁的认知经验。为了进一步迁移生活经验，教师还组织幼儿延伸出地铁游戏，尊重幼儿的个性化表达，将他们生活中积累的经验运用到地铁游戏中，在不断尝试和挑战中幼儿明白了事物之间的有机联系，也为后续的科学学习和其他领域的整合学习奠定基础。

福州小吃真美味

一、主题由来

近阶段，我们围绕饮食开展了系列生活活动。幼儿很乐于动手制作小吃，每次参与糕点DIY、和爷爷奶奶一起做美食等活动都乐在其中，初步积累了制作美食的经验。担任志愿者的爷爷奶奶们不仅热心，而且个个都是"烹饪大师"，各有绝活，为活动的推进提供了很大的支持。在新年即将来临之际，我们和幼儿一起讨论，开展了"福州小吃真美味"主题活动，通过美食大搜索、美食排行榜、美食制作、美食品尝等活动，让幼儿进一步了解福州小吃种类，丰富节日生活体验，感受家乡饮食文化，为自己生活在福州感到自豪。

二、活动目标

（一）总目标

1. 对美食制作与品尝感兴趣，养成良好的饮食卫生习惯。
2. 能清楚地表达自己的愿望和想法，乐意与他人交流分享自己的美食经验。
3. 敢于挑战有一定难度的任务，尝试解决活动过程中遇到的问题。
4. 能用绘画、手工等方式大胆表现福州小吃，装饰节日环境。
5. 初步了解家乡饮食文化，感受品小吃、过新年的快乐，萌发爱家乡的美好情感。

(二) 子目标

活动一　我知道的小吃

1. 了解老字号福州小吃，知道它们的名称和主要特色。
2. 能用参观、调查、访问等方法，了解福州小吃的历史典故。
3. 能在集体面前大胆介绍、交流自己知道的福州小吃。

活动二　我来做小吃

1. 了解最受欢迎的1—2种福州小吃的制作与烹饪方法。
2. 能参与制作福州小吃，体验制作美食的乐趣。
3. 能运用绘画、泥塑等方法，做福州小吃手工作品。

活动三　大家来品尝

1. 能与同伴交流、讨论，共同拟定新年美食活动宣传方案。
2. 乐于参与新年美食宣传活动，能清楚地介绍小吃的营养、味道、特色等。
3. 尝试设计和制作海报、体验券、馆标等，能用多种方式装扮新年美食节环境。
4. 体验制作和品尝美食的乐趣，感受与同伴一起过新年的快乐。

三、网络图

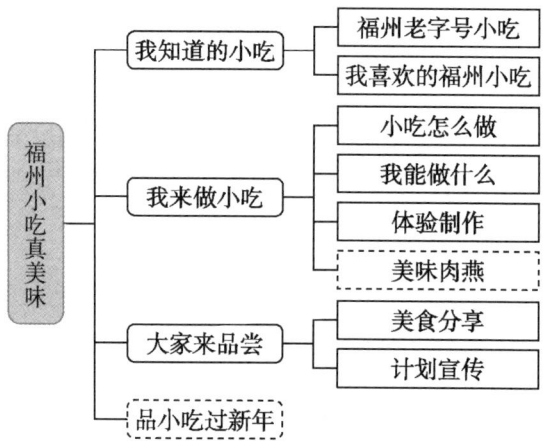

备注：实线部分为教师预设的活动，虚线部分为幼儿生成的活动

四、环境与资源

伴随主题活动的推进,主题墙上动态呈现了幼儿表征的"商讨购买小吃可能遇到的困难""制定购买计划""统计美食排行榜"等内容,进一步引发幼儿与环境积极互动。活动区角创设的生活坊、小吃店等,让幼儿在动手操作和快乐游戏中体验生活、获得经验。环境中展现的幼儿手工制作的各色小吃、美食节宣传海报等,不仅装点了新年美食节,也为幼儿提供了表达与分享的平台,增进了幼儿对家乡饮食文化的了解。

(一)环境创设

1. 主题墙。

讨论可能遇到的问题和解决方法

制定购买计划

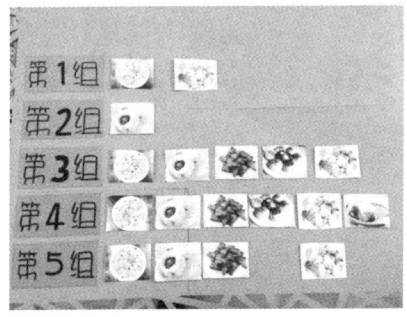

汇总各组购买的小吃

美味小吃投票结果和上榜理由

2. 活动区角。

生活坊：包肉燕　　　　游戏区：美味小吃店　　美工区：制作福州小吃

3. 其他。

美食节吊饰　　　　　　　　小吃加工工序介绍

美食节海报和宣传展示

（二）资源利用

1. 家长助教参与三坊七巷美食大搜索拍摄活动。
2. 邀请同利肉燕第四代掌门陈君凡师傅来园参加特色活动。

五、典型案例

案例一

不认识字怎么办？

小朋友们和老师来到三坊七巷一起寻找坊巷中福州老字号标识：同利肉燕、鼎边糊、花生汤等。老师设计了任务卡。今天的任务是分成 5 个小组，每组领 1 份任务卡，合作寻找任务卡上的店并做好记录。

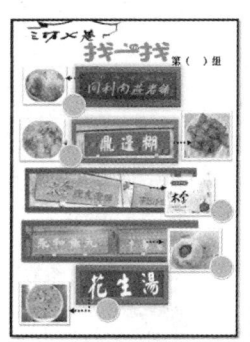
我们的任务卡

对照地图讨论路线

孩子们带着任务卡出发了。走了一段后，丁丁开始往前跑，大家也跟着跑起来，很快大家拉开距离。老师请跑在最前面的丁丁停下来，问道："这个任务是组长一个人完成还是大家一起完成呢？"丁丁停了一下说："大家一起完

是这家吗？

成。"大家也说要小组一起完成。孩子们开始放慢脚步往前走,走了一小段,星星要上厕所,丁丁说:"我们等等,我们一起行动。"大家站在卫生间门口,安静地等待。时间一分一秒过去了,门口的小朋友开始有点不耐烦,还是继续安静地等着,看到星星,大家高兴地叫起来"终于出来了"。

来到星巴克咖啡店,星星指着牌子问:"这个是不是我们要找的?"大家围了过来,开始对照任务卡。成成抬头用手数了数,又对着任务卡上点了点说:"上面是五个字,我们的任务卡没有五个字的牌子。"大家看了看牌子又看了看任务卡,继续出发。孩子们走了一会儿,来到鼎边糊的店门口。元元

保安叔叔,同利肉燕怎么走?

看了一眼说:"我以前来过,这是永和鱼丸。"丁丁说:"上面只有三个字,永和鱼丸四个字呀!"大家围在任务卡旁,开始一一对照任务卡上的字,仔细观察起来,星星很快叫起来:"一样的,这个和上面是一样的。""没错,就是第二个。"大家拿出笔,开始在任务卡上记录起来。

先找哪一家?

对照任务单查看完成情况

[评析:在三坊七巷寻找任务卡上老字号小吃店的活动中,每位幼儿都能积极参与寻找任务。由于大家分小组行动,都希望自己的小组能快速完成任务。丁丁一个人跑在前面,其他小朋友吃力地追,这样的行动方式

存在安全隐患，也影响小组成员之间的合作。老师见状便叫停带头跑的丁丁，通过开放性和假设性的关键提问引发幼儿思考和探讨，大家很快达成要集体行动的共识。让幼儿知道群体活动时的注意事项对他们来说非常重要，这样他们才能成为集体中合格的一员，步调一致地完成任务。而让孩子们共同参与规则制定，他们会更加理解规则的意义，执行这些规则的可能性会更大。在接下来的行动中，他们能遵守约定，主动提出等待，并克服不耐烦情绪，有了集体行动的意识，初步学习与同伴协作。在寻找商店标识的过程中，他们遇到难题，尝试用已有的经验解决问题。不识字怎么办？找不到店怎么办？他们能通过判断字数，理解一字一音，再通过一一对应的方式反复观察、比较文字的外形，判断文字是否与目标一致，和同伴一起配合完成任务。此外，他们还大胆向保安、路人、店家询问，运用不同的方式尝试解决问题，获得了成功的体验。]

案例二

锅边是谁的？

孩子们事先做好了购买计划，每人带上准备好的 10 元钱，早早来到三坊七巷，分成 5 个小组，开始了他们的美食寻觅之旅。

瑶瑶的计划是买锅边，她和小伙伴终于找到锅边店，高兴地对阿姨说："我要买锅边！"阿姨堵在门口不让她进去，说："锅边太烫了，小朋友有没有带自己的杯子？"瑶瑶愣住了。元元马上说："我有带！我有带！"他从书包里拿出了自己的餐盒递给阿姨。瑶瑶看到阿姨装好了锅边，付了钱，正要接过餐盒，元元一把接过餐盒转身就到旁边了。瑶瑶着急地追上去，说："这是我的锅边！"元元把盒子紧紧地提在手上，说："我的！"瑶瑶想拿回来锅边，元元紧紧护着餐盒，怎么也不松手。他们涨红了脸，气呼呼地看着门外，僵持不下。小伙伴都安静下来，看着他们俩，坐在座位上，谁也不说话。

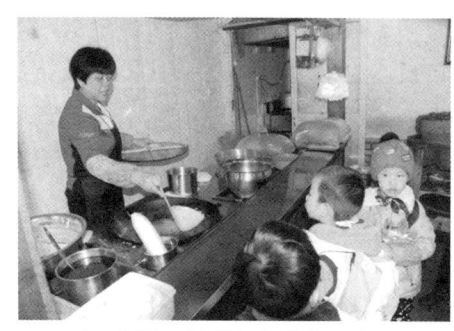 

想买锅边,没带打包盒怎么办？　　　　盒子问题解决啦!

锅边算谁的？是付钱的瑶瑶还是带盒子的元元？大家坐了一会儿还没有动静，老师问："大家觉得这个锅边是谁的？"坐在瑶瑶旁边的晨晨说："当然是瑶瑶的，这是瑶瑶付的钱。再说我们是好同学，要互相帮助嘛！"老师一一问了小朋友的意见，大家都说锅边是付钱的瑶瑶的。轮到元元，他大声地说："盒子是我的。"老师说："哦，原来元元是想要回盒子，那大家有什么解决的办法？"小朋友们说："瑶瑶吃完把盒子还给元元。"元元同意了，把盒子小心地交给瑶瑶。大家从店里出来，瑶瑶从包里拿了一袋小点心，递给元元说："这个送给你！"她看元元没接，又说了一句："谢谢你把盒子借给我。"元元开心地接过点心。

[评析：寻找自己喜欢的小吃活动为幼儿提供了发现和解决问题的练习场景。瑶瑶没有带锅边的打包盒，元元便马上拿出自己的餐盒给阿姨，元元能迁移生活中的经验，主动帮助同伴，关爱他人，是良好的榜样示范，需要鼓励和支持。但随后出现了"锅边是谁的"争执，一时无法协商解决。

中班幼儿自我意识增强，大家更关注自我想法的表达，倾听同伴意见的意识较弱。教师在小朋友僵持不下时介入，请小组同伴逐一表达自己的看法。大家都能认真倾听同伴的发言，并大胆表达自己的观点，即便元元平时很坚持自己的想法，但在大家的带动和建议下，也能调整情绪把自己的意愿表达出来。最终教师指出关键症结所在，和平解决冲突，幼儿学会互相理解感恩，实现了生活场内的社会教育。

生活活动中幼儿可以行使选择权并发展其自主性,但也会发生很多自发性亲社会行为以及需要幼儿来解决的小危机。在这一过程中,教师要观察幼儿,密切关注幼儿活动,帮助幼儿做出积极的选择,鼓励和支持他们与同伴协商解决冲突和问题。同时,幼儿的买卖经验还不足,教师要鼓励家长在家庭生活中帮助幼儿积累和丰富购买的经验;在园游戏活动中,教师可以通过结构化和非结构化的游戏情境创设,让幼儿尝试大胆与同伴交流互动,积极表达自己的需求和想法,并多为幼儿创设集体讨论决定的机会,学习和掌握同伴间协商解决问题的方法。]

案例三

美味的同利肉燕

孩子们投票评选最受欢迎的福州小吃,肉燕以9票的最高票数成为最受欢迎的小吃。在逛三坊七巷时,很多小朋友对同利肉燕店的制作工具、制作过程很感兴趣。老师提议在班级里包肉燕,品尝自制美食。可是大家都说自己包的肉燕和同利肉燕不一样,没有那么好吃。为此,老师特别邀请了同利肉燕第四代传人陈君凡师傅等走进中一班,介绍同利肉燕的制作方法。

孩子们看到陈师傅,纷纷提出问题:肉燕的皮是怎么打的?为什么那么好吃?怎么才能包得好?陈师傅拿出两个大大的木槌,让小朋友猜猜是什么?小朋友上台掂了掂,好沉。陈师傅说这是用来捶打肉泥的梨花木

介绍肉燕食材

费好大的劲才提起木槌

槌,并邀请两位获得全国金奖的师傅现场演示木槌的用法。他们挥动木槌对准一大块肉,有节奏地上下捶打。哒哒哒哒,木槌一前一后交替发出声响,捶打的节奏时缓时急,时密时疏,孩子们新奇地盯着他们,自己和着节奏打起节拍。小正大声问:"我们能试一下吗?"陈师傅点点头。小正伸出一只手,木槌一动也不动,他用两只手,费了好大的劲,才提起木槌的尾端。好几个小朋友也想试试, 没有一个小朋友能用一只手提得动木槌。大家说这个木槌好重,师傅太辛苦了。

肉燕形状像燕子的尾巴

在师傅的帮助下,一大块厚厚的肉被捶打成了一团柔软的肉泥。孩子们正在惊叹时,陈师傅拿出一块大大的面皮。小正问:"这是一块大大的布吗?"乐乐说:"这像一床薄薄的被子。"圆圆上台闻了闻,摸了摸说:"这是一块面粉皮!"陈师傅告诉大家,这是一块大肉燕皮,是经过捶打后的肉加上面粉铺成的,这张燕皮有十多米长,能从三楼垂到一楼呢! 大家都惊叹起来。原来,小小的方形燕皮是由这么大的燕皮切成的,那一定要切很久。

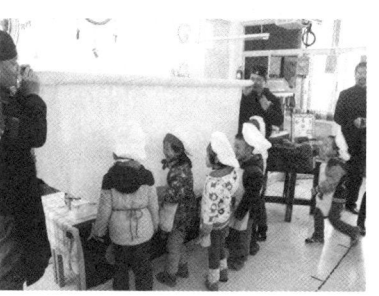

好大张的燕皮!

小正问:"怎么让肉燕更好吃?"瑶瑶问:"为什么我们的肉馅吃起来和你们的不一样?"陈师傅拿出盘子里的食材模型,告诉大家:"肉燕的皮一定要用优质的猪后腿肉,馅儿里除了猪肉还有鸡蛋、干贝、虾仁,吃起来才能又劲道又美味。"他给小朋友示范了包肉燕的方法,原来"肉燕"是因为包完后的形状像燕子

我们会包肉燕啦!

的尾巴而得名！孩子们轻轻舀起肉泥，对准燕皮中心，像降落伞一样倒扣过来，抽出小棒。"真的像燕子的尾巴！"这时，瑶瑶大叫："我的肉燕怎么破了？"小正看了一眼，又看了看自己的肉燕，说："抽出小棒时要轻一点，才不会把燕皮弄破。"小朋友开始小心翼翼地拿着小棒，在三位师傅的细心指导下，耐心地包出了一盘盘肉燕。吃着香喷喷的肉燕，小朋友们都竖起了大拇指，说这是他们吃过最好吃的肉燕了！

  肉燕的馅儿可以做成其他口味的吗？做肉燕做了多少年？小朋友带着新的问题，和陈师傅继续交流。他们还上网查找资料，观看纪录片，发现福州老字号小吃的更多秘密。

  ［评析：幼儿对福州小吃活动的探究充满了兴趣，也在往期开展的系列活动中积累了一定的相关经验，他们能在平等协商、对话交流的基础上评选最美小吃，商定美食制作过程，发现存在的问题，这是基于个人微观环境下的直接经验迁移和再造。教师要充分发挥直接环境、中介系统的作用，引入适宜的教育资源，帮助幼儿丰富生活经验。幼儿在同利肉燕第四代传人陈君凡师傅的指导和带领下，主动提问、对比、观察、发现、亲身体验、反思、再创造……通过一系列有指导、支持的尝试和体验，他们发展了移情能力，理解了肉燕师傅捶打肉泥的辛苦和不易，体会到工匠在细节中的耐心和坚持，也在自我参与和投入工作的过程中掌握了肉燕皮包而不破的小技巧，培养了专注、认真、坚持的良好学习品质。

  同利肉燕传承人走进幼儿园，是教师引入社区资源开展主题活动的重要方式，不仅让孩子们了解了肉燕的历史典故，把优秀的物质文化资源带到孩子们中间，也更进一步激发了孩子们发现问题、尝试探索、解决问题的意识和能力。孩子们亲眼目睹了百年老字号千锤百炼的功底，亲身体验到福州传统饮食文化的独特魅力，对这些文化有了更多的亲近感和认同感。］

案例四
新年美食我做主

正值新年到来,小朋友一起讨论迎新年活动方案。大家想吃哪些小吃呢?

瑶瑶说:"我喜欢吃春卷,上次没买到。"

辰辰说:"我最喜欢的是芋泥,可惜落选了。"

丁丁说:"我其实喜欢油饼,但妈妈说要少吃。"

小朋友讨论新年活动中想吃的小吃,经过小组投票,小朋友评选出最想吃的9种福州特色(小吃肉燕、鱼丸、春卷、三角糕、油饼、芋泥、米粿、油条、锅边)。他们准备了这些小吃的材料,放在四个馆里,分组制作小吃、品尝小吃。

小朋友很快又发现了新的问题:那么多小吃怎么轮流品尝?我们最喜欢的小吃到哪个组吃呢?怎么让大家知道自己的组上有哪些美食?可以邀请别班的同学来品尝我们制作的福州小吃吗?经讨论,孩子们决定邀请年段其他班级的小朋友也加入我们的新年美食一条街活动。

大家得向别人宣传我们的新年活动。小朋友开始讨论起宣传的方案,在哪里做宣传?什么时间宣传比较合适呢?

丁丁说:"我们小区经常有宣传活动,在门口摆桌子,上面有帐篷,大家就会走过去了。"

圆圆说:"我们也有桌子,还有游戏柜子也可以用上。"

坤坤说:"上学和离园的时候小朋友最多,他们听完就知道在哪里吃了。"

含含说:"升旗时人最多,升旗活动时可以宣传。"

最后,大家决定在幼儿园门口摆桌子、柜子,在入园和离园的时间开

在升旗仪式上介绍美食节

始宣传我们的新年美食活动,宽宽和轩轩把讨论的结果画下来。小朋友准备轮流去幼儿园门口宣传班级的新年美食活动。

含含、宽宽、辰辰是今天的美食宣传员。平时总迟到的宽宽今天早早到班上,穿上围裙、戴上厨师帽,拿出事先准备好的食材道具,和含含、辰辰开始布置展台。陆续有小朋友经过,含含站在游戏柜后,温柔地招呼:"欢迎大家12月31日到我们福州小吃一条街!"小朋友从她面前径直走过,没有停下来。宽宽对含含说:"你太小声了,要大声一点。"宽宽大声喊起来:"大家快来呀!"说完自己也笑了。含含吸了一口气,也大声叫起来:"12月31日到我们福州小吃一条街!"一边说,一边举起手中的蒸笼。

美食节宣传日

一位奶奶带着小妹妹走到他们面前,问:"你们这里有什么?"含含高兴地介绍:"我们班有肉燕、鱼丸。"奶奶兴致勃勃地拿起肉燕问:"介绍一下你们的肉燕吧!"含含高兴地说:"我们肉燕的皮是肉打出来的,又香又Q。"宽宽马上接着说:"我们肉燕的馅儿加了干贝,特别好吃!"辰辰看到人越来越多,拿起蒸笼,说:"我到海报那边,那边人比较多。"……

[评析:从了解美食、品尝美食、自制美食到迎新年集体分享美食,幼儿在循序渐进的个人和集体活动中,充分发挥着自己的智慧,积极与同伴、成人、环境互动,顺利完成活动目标。在讨论新年活动方案的过程中,孩子们开动脑筋积极思考,不断发现问题、参与讨论,迁移生活中宣传活动的经验,设置宣传桌,合理规划宣传时间和方式,并乐于倾听同伴

意见，按照少数服从多数的原则，接受同伴的意见，制定出食谱和新年活动的宣传方案，初步合作完成任务。在轮流宣传中，小朋友在陌生人面前介绍自己熟悉的食物，既激动又期待，他们互相观察，相互学习，在真实情境中大胆与同伴、长辈对话，及时调整音量，吸引他人注意，完美地执行宣传员的任务。]

六、反思与感悟

"欢乐齐享福州味，开心共品家乡情。"正如这幅由中班年段老师们创作的对联所说，小朋友们在欢声笑语中品尝福州小吃，激发爱福州的情感，师幼共同布置环境、拟定规则、主动宣传、参与制作，在温馨且快乐的自主活动中，幼儿对福州传统小吃有了更丰富的认识，对传统节日有了更深的印象。通过本次主题活动，我们在以下三方面有更深的感悟。

1. 接纳、尊重每位儿童的个性化表征。

每位儿童都是独立的、特别的、个性化的发展个体，他们的思维认知、行为方式、兴趣爱好、气质类型都是独特的。在活动准备、展开、讨论、分享问题的过程中，孩子们站在不同立场、基于不同的已有经验和个性特点，在集体活动中有可能会发生冲突和碰撞，出现如争抢饭盒、小组步调不一致等问题。教师作为重要的支持者和参与者，首先需要肯定和信任每位幼儿的独特魅力和价值，并观察不同幼儿的不同个性特点和需要，让幼儿充分表达自己的意愿和想法，在尊重个体化差异的同时，加强同伴间的榜样示范、行为指导、想法交流，帮助幼儿在明确基本规则、锻炼基本技能水平的前提下，进行创意、个性化的自我表征。

2. 设置挑战任务提高幼儿技能。

幼儿的发展存在个体差异，因此，要尝试提供能够让每个幼儿感到愉快的、丰富的、有意义的活动，同时也要考虑为不同水平的幼儿设置最近发展区内的挑战，使他们感受经过努力获得的成就感。首先，在常规的活动开展过程中，教师可借助家长资源、同伴互动的方式，调动幼儿的好奇心和学习兴趣，敢于尝试和习得基本的生活技能。如练习使用简单工具，锻炼手部精细动作；操作前知道先洗手、戴围裙；使用自己的餐具品尝，集体用餐使用公勺。其次，在具体活动的推进过程中，应根据具体活动引导幼儿尝试个体化或群体性的不同挑战任务，如遵守集体规则，等待他人共同完成任务，处理同伴冲突，合作尝试高难度加工任务，大胆宣传展示，让他们体会到成就感，增强自信心。

3. 与家庭、社区建立良好的联结关系。

美国心理学家布朗芬布伦纳的生态系统理论指出，个体发展嵌套于相互影响的系列环境系统中，包括家庭和社会环境在内的复杂层次，每种层次都对个体的发展起作用，幼儿的发展正是在成熟的生理、直系亲属、社区环境以及社会环境的多重因素的交互作用中被推动和引导的。在制作肉燕、评选宣传福州传统小吃和分享新年美食活动的过程中，孩子们在家长和陈师傅的指导下，了解和掌握了制作肉燕的复杂过程，分享了美味的福州小吃，感受福州的传统饮食文化，萌生热爱家乡之情。因此，在主题活动的推进过程中，教师要善于运用家长和社区资源，创设直接、适宜的时空环境，提供适合幼儿的、有挑战的教育场境，推进幼儿情感共建，建设紧密而安全的人际关系，联结热爱家乡的情感，植入传统文化基因，为幼儿未来能记得住乡愁奠定情感基础。

在下一阶段，针对孩子们不同的想法，如想尝试不同口味、不同品种的小吃，打破班级界限，我们继续支持幼儿，鼓励他们大胆尝试，帮助幼儿实现他们的想法。正值春节，幼儿积累了制作美食的经验，我们建议家长让孩子参与准备、制作特色美食，将"品小吃过新年"活动延伸到家庭亲子生活中。我们将不断丰富幼儿节日文化体验及地域饮食文化体验，让孩子在幼儿园度过愉快而有意义的每一天。

有趣的石头

一、主题由来

一天，我带领幼儿参观新建的幼儿园，遇见了杨老师问道："杨老师，你那里有鹅卵石吗？"幼儿听了纷纷询问："老师，什么是鹅卵石？"权权回答："我见过鹅卵石，就是石头。"嘟嘟指着门外的一块大石头问："那是鹅卵石吗？"天天说："那不是鹅卵石，鹅卵石很小的。"萧潇从地上捡起一块小石子高兴地喊道："我知道了，这就是鹅卵石。"典典摇了摇头。于是，我们充分利用新园操场上大小不同、形状各异的石头资源，跟随幼儿对鹅卵石的好奇心，开展了"有趣的石头"主题教育活动。

二、活动目标

（一）总目标

1. 了解周围环境中各种各样的石头，初步感知石头的主要特征。
2. 知道常见石头的用途，了解石头在人们生活中的作用与价值。
3. 能与同伴协商合作，发现和解决探索石头、玩石头等过程中出现的问题。
4. 知道玩石头的安全，懂得必备的自护和防护方法。
5. 能发现和欣赏石头的美，大胆利用石头的各种特征进行艺术创作，提高鉴赏美、表现美和创造美的能力。

(二) 子目标

活动一　神秘的石头

1. 认识身边各种各样的石头，感知其主要特征。

2. 了解石头与人们生活中的关系。

3. 能认真观察、比较石头之间的差异，愿意探索石头的秘密。

活动二　好玩的石头

1. 能利用各种石头造型，创造性地开展游戏活动。

2. 能与同伴分工合作，共同解决活动中出现的问题。

3. 知道玩石头应注意的安全事项，懂得自护和防护的基本方法。

活动三　漂亮的石头

1. 喜欢观赏用石头制作的特殊工艺品，激发对石头工艺品的兴趣。

2. 乐于收集自然环境中自己喜爱的各种石头，并能观察和发现其中的美。

3. 尝试用各种造型的石头进行艺术创作，提高鉴赏美和表现美、创造美的能力。

三、网络图

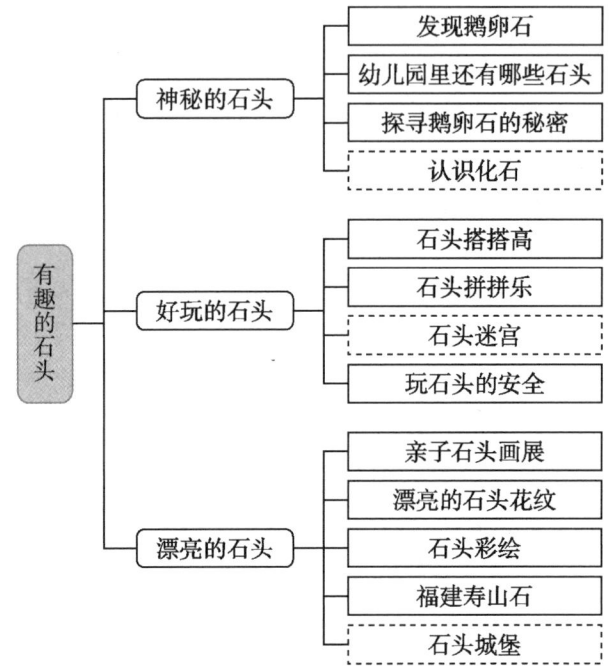

备注：实线部分为教师预设的活动，虚线部分为幼儿生成的活动

四、环境与资源

　　主题墙呈现了幼儿寻找身边的鹅卵石、观察石头的花纹、交流玩石头的安全、利用石头进行创意表现等丰富多彩的活动，进一步引发了幼儿与同伴交流、发现石头的秘密。活动区角展示大小、形状、颜色各异的石头和亲子石头创意作品，以及丰富多样的辅助材料，激发幼儿在欣赏不同石头的美的基础上，利用石头进行创意拼摆和微景观设计的愿望，不断提高幼儿表现美、创造美的能力，体验玩石头的乐趣。

（一）环境创设

1. 主题墙。

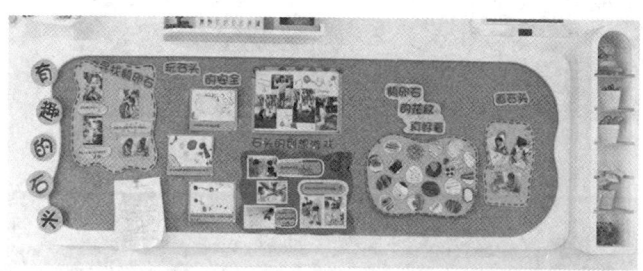

2. 活动区角。

观察区：各种各样的石头

美工区：石头拼画

美工区：亲子创意手绘石头展

美工区：石头创意微景观

（二）资源利用

幼儿园丰富的户外自然资源

五、典型案例

案例一
寻找鹅卵石大行动

一天，孩子们提议到户外去找找鹅卵石，教师抛出问题："幼儿园什么地方有鹅卵石呢？"

宁宁："我觉得幼儿园的大操场有鹅卵石。"

西西："我想鹅卵石应该在小花园里。"

小宝："鹅卵石在花盆里吧！我家的花盆就有鹅卵石。"

谷谷："我也觉得鹅卵石在小花园，我上次路过小花园的时候就看到了。"

天天："我在进幼儿园的路上也看到了，路上应该也有吧。"

教师："哇！原来你们发现这么多的地方都有鹅卵石啊！那我们分头行动去寻找鹅卵石吧！可是怎么分呢？"

谷谷："想去哪里找就去哪里找吧！分开找。"

教师："可是寻找的地点太多了，而且比较分散且距离远，老师看不到的地方有点危险呢！"

权权："那就分成男生和女生吧，我们比比谁找到的鹅卵石最多，我来当队长。"

小雅："我也要当队长，我当女生的队长可以吗？"

教师："大家同意的话，我们就这么分组吧！肖老师带女生，贺老师带着男生，我们分头行动吧！"

这是鹅卵石吗？

孩子们分头到幼儿园的各个地方寻找鹅卵石。西西蹲在小花园的地上很认真地观察，发现了一块很小的鹅卵石，轻轻捡起来摸了摸，又看了一会，高兴地跟宁宁说："我找到鹅卵石了，你看。"说着又高兴地朝我飞奔过来："肖老师，我找到了，你看。"其他的孩子也都迅速围观："我看一下，我看一下。"权权说："这么光滑，真的是鹅卵石，我们赶紧去找吧！女生已经找到一块了。"小哲找到一块废弃的水泥小石块，不确定地问谷谷："这个是鹅卵石吗？"谷谷看了看说："是的是的，赶紧放进我们的篮子里。"谷谷只要看到石子就往篮子里丢，小哲总是询问小伙伴确认后再丢进篮子。西西看到女生篮子里石头有些杂乱，她一边挑拣一边嘀咕："哎呀，这个不是，这个也不是，怎么乱放？"

小花园里的鹅卵石

寻找时间结束啦！男生和女生找到的石头总数差不多，不过男生的篮子里什么样的石头都有，女生的篮子里以鹅卵石为主，掺杂着几颗其他石头。

男生找到的石头

女生找到的石头

回到活动室后，孩子们通过观看介绍鹅卵石的视频，再用看、摸、敲等方法判断哪些是鹅卵石。

权权摸了摸自己找来的石头说："我这块石头很光滑，冰冰的，所以我觉得它就是鹅卵石。"

西西从蓝色框子里找了几块砖块说："这些我觉得都不是鹅卵石，因为它们一点也不光滑，还有尖尖角，上面还有很多小洞洞。"

孩子们凑过来仔细地看了又看，摸了又摸。嘟嘟还拿起来敲了敲，然后几个人嘀咕着说："真的不是鹅卵石，那这是什么石头呢？"毛毛说："我知道，这是砖块，是破的砖块，我在外婆老家看到过。"

［评析：孩子们在过渡园区寻找鹅卵石，而过渡园区内的鹅卵石并不多，需要孩子们非常认真观察和寻找。在寻找鹅卵石的活动当中，我们发现每个孩子的已有经验是不同的，有的孩子对鹅卵石有初步的认识，但仅仅停留在外观上；大部分幼儿对鹅卵石是没有更多认识的，他们把各种石头甚至砖块当成了鹅卵石。

通过这次分组自由寻找鹅卵石，我们发现孩子们对鹅卵石很感兴趣，能用自己的方法去判断和验证哪些石头是鹅卵石。下一阶段的集体学习和小组探索，着重让孩子学会判断鹅卵石，满足幼儿探索未知事物的好奇心。］

案例二

洞洞鹅卵石是鹅卵石吗？

有一天，彦宁带来一块有洞洞的"石头"，她说这是鹅卵石，是爷爷在花盆里找到的。孩子们都好奇地围过来观察，各说各的观点，一场别开生面的"鉴石"大会开始了……

权："不是鹅卵石，因为这个很轻。"

乔："是鹅卵石吧！也是圆的。"

哲："我摸了一下有点粗糙，我觉得不是。"

宁："那是因为它干了，所以变得粗糙。"

教师："那我们放水里泡一泡，看看会不会变得光滑。"

哲:"还是很粗糙,不是鹅卵石。"

澄:"我也觉得不是鹅卵石,因为上面有洞洞。"

宁:"这是洞洞鹅卵石。"

澄:"没有有洞洞鹅卵石的,鹅卵石都是没有洞洞的。"

宁:"它本来没有洞洞,被蚊子咬了才有洞洞。"

大家集体反对:"怎么可能,石头那么硬,蚊子咬不进去的!"

教师:"这样吧!我们来做一个小实验,你们猜猜鹅卵石放进水里会浮起来还是沉下去呢?"(是沉是浮各有说法)

实验开始了。

一块块鹅卵石陆续被放进水里,都沉下去了。当彦宁把她心爱的"洞洞鹅卵石"小心翼翼地放进水里,见证奇迹的时刻到了,孩子们兴奋地叫起来:"它浮起来了,不是鹅卵石。"彦宁有些尴尬,失望地说:"可能是爷爷搞错了。"教师说:"没关系!谢谢你给我们带来了实验的机会,让大家进一步认识了鹅卵石的特点。"

鹅卵石沉水小实验

[评析:幼儿通过观察、比较猜测洞洞鹅卵石到底是不是鹅卵石,结合已有的经验作出推断猜测,最终借助小实验知道了鹅卵石会沉入水中,浮上来的洞洞鹅卵石原来是陶粒。幼儿通过实验更加科学地作出判断,同时也学会了用实验的方法来验证自己的推测。]

案例三

哇，石头的种类好多啊！

教师在区域柜上，摆放了不同种类的石头，孩子们过来围观。

嘟嘟："快看，还有黑色的石头，也是鹅卵石吗？"

西西想了想："可能是黑色的鹅卵石吧！因为摸起来也很光滑呢！"

嘟嘟："那这个呢？这个是白色的，但是摸起来有一点不光滑。"

西西调皮地笑着说："是奶油石头，哈哈哈！"

权权："你们看，这个是玉，我知道，我妈妈也给我买了一块，但是她说上幼儿园不能戴，跟这个一样的。"

西西："玉也是鹅卵石吗？摸起来也很光滑呀！"

权权："不知道。"

"还有这些白沙子也是石头吗？""他们是小小的石头宝宝吧！"孩子们开始各种猜想。

根据孩子们讨论的话题，教师陆续在各种各样的石头旁边投放了有关石头的绘本——《石头的猜想》《神奇的石头》等，同时也准备了几个介绍石头种类的小视频，放在餐前自由活动时间进行百科小播报，并动员有条件的家长利用周末时间带孩子去小河边、采石场、建筑工地等地方了解和认识各种各样的石头，然后引导孩子讲述自己的发现，等到周一入园时再与同伴分享周末的收获。

这些活动大大丰富了孩子们对石头的认识。孩子们自己制作石头分类的小标签。

［评析：教师在区域柜上增设各种石头的展示，激发了幼儿认识各种各样石头的兴趣。基于孩子们讨论中引发的新话题，教师又在环境中提供了有关石头的绘本、视频等，动员家长带领孩子实地认识石头，多途径促进幼儿对石头种类的认识。］

案例四

鹅卵石的花纹美极啦

为了能近距离并更加直观地了解鹅卵石，教师又带孩子们来到新园区，欣赏刚铺好的鹅卵石小路。孩子们一进大门就看见这条路，兴奋地尖叫着："哇！我找到了，这里好多啊！"瞬间，鹅卵石小路就被孩子们包围了。

石头的种类真多呀！

丫丫举起一块大的鹅卵石："看，这么大的鹅卵石。"

权权回头看了一眼："你这个石头上面有花纹，你看。"

丫丫凑近一看，咧嘴笑了："真的耶，有花纹，老师你看，这块鹅卵石有花纹。"

教师凑近一看，惊呼："哇！有花纹的鹅卵石，好神奇！你们的鹅卵石都有花纹吗？"孩子们开始更加投入地寻找有花纹的鹅卵石。

嘟嘟问丫丫："你的花纹看得很清楚，为什么我的鹅卵石花纹看不清楚呢？"

丫丫拿着石头翻来翻去，又看了看嘟嘟的石头："可能我的鹅卵石比较漂亮吧！"

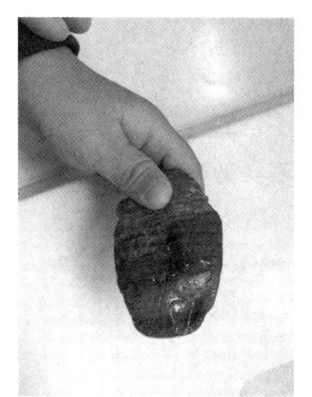

我的鹅卵石上有花纹

教师："丫丫，你可以摸摸你的鹅卵石和嘟嘟的鹅卵石，有什么不一样？"

丫丫摸了摸自己的鹅卵石，又摸摸嘟嘟的鹅卵石："我的有点湿，嘟嘟的不会湿。"

教师："大家都挑一块自己喜欢的鹅卵石，然后带回活动室，研究看看是不是湿的鹅卵石花纹能看得更清楚。"

孩子们挑选完自己喜欢的鹅卵石，迫不及待地回到活动室，清洗自己的鹅卵石。他们大声惊呼道："哇！我的花纹好漂亮！""我可以看得更清晰啦！""你看我的花纹是不是很像你裙子上面的花纹？"大家一边洗一边热烈地交谈着。

教师又悄悄找了两个玻璃瓶，一个装着没有水浸泡的鹅卵石，另一个装着有水浸泡的鹅卵石，放在区域柜子上。孩子们看到后就开始比较两个瓶子里鹅卵石的花纹。"你们看，有水的瓶子里的鹅卵石花纹很漂亮，很清晰，没有水的鹅卵石花纹看不清，也没有那么漂亮，对不对？"丫丫和小雅等几个孩子讨论着。"我们把花纹画下来吧。"丫丫提议。小雅、萱萱等几个小朋友连连应和道："好，我们把鹅卵石花纹画下来吧。"于是几个小伙伴都集中到美工区，开始在纸上画鹅卵石的漂亮花纹。

清洗鹅卵石

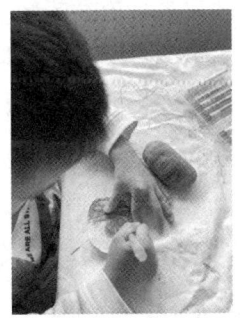
鹅卵石花纹写生

看我画得像吗？

教师把孩子们画的鹅卵石花纹和他们收集的鹅卵石投放到科学区，要求他们通过观察花纹来寻找相对应的鹅卵石，玩配对游戏。

[评析：幼儿在观察鹅卵石的过程中发现了鹅卵石有花纹的小秘密，有幼儿发现鹅卵石有的花纹清晰，有的花纹模糊不清。在教师的引导下，幼儿通过自己的观察与操作发现原来浸湿的鹅卵石能更加清晰地看到花纹，干的鹅卵石则看不清花纹，并在写生鹅卵石花纹的过程中感受花纹之

美，加深了对鹅卵石的认识与喜爱。在这个过程中幼儿的观察力、分析判断能力都得到了提高。]

案例五

畅玩石头游戏

看完《神奇的石头》这本书，孩子们开启了畅玩石头的大门。瞧，嘟嘟正在跟权权玩石头搭高的游戏，他们认真地将石头一块一块往上搭，但是石头很光滑，形状各异，搭到第三块的时候，石头就滑下来。嘟嘟开始思考怎样搭建才更稳，尝试把最大最平整的鹅卵石放最底下，然后再从篮子里挑选相对比较平整的石头搭上去，就这样不断地筛选、比较，最终将石头堆搭得越来越高。

石头叠叠高

而另一边，谷谷和阿哲用鹅卵石在地上搭建长长的汽车跑道，从开始建直的跑道，慢慢尝试搭建弯曲的跑道。谷谷说："我们要多搭几条跑道，从这里再拐出去，就可以像赛车跑道一样刺激啦！"于是他和阿哲开始设计弯曲跑道以及岔路口。搭着搭着，篮子里的石头用完了，他们无法搭建更长的跑道，遗憾地说："石头不够了，只能搭到这里了。"

搭建汽车跑道

美工区里，几个女生正在彩绘鹅卵石，彦宁将一块一块石头涂成绿色，然后用白色颜料在上面涂点点。

彦宁："小汀，你猜猜我画什么？"

小汀一边涂自己的石头一边说："是青菜吗？"

彦宁笑了笑："哈哈！不是，是仙人掌啊！上面有刺的。"

教师："哦！那你需要花盆吗？"

彦宁："要。"

教师拿了一个塑料小花盆给彦宁。她把自己彩绘的石头放进去，然后又继续彩绘另一块石头。看着孩子们投入地创作，教师又把一些造型比较特别的石头放在美工区，供孩子们自由选择、发挥想象进行创作。

用石头彩绘、拼搭，创意无限

每天都能看到孩子们将石头玩出新花样。孩子们沉浸在石头世界里，总是喜欢拿石头玩不同的游戏，**叠叠高**、石头拼图、石头彩绘、石头沙盘建构等，尽情创意、想象。他们创作的作品让人眼前一亮，富有创意。教师把这些作品展示在教室的不同区域，引导幼儿交流、欣赏。

沙中寻宝游戏

[评析：幼儿的想象力非常丰富，只要教师提供的材料足够丰富，在适当的时候加以支持，他们总能创造出各种惊喜。随着主题的深入，教师投放在班级里的石头材料越来越丰富，孩子们玩石头的兴致也越来越高。在玩石头游戏的过程中，幼儿的精细动作、关于数的多少、大小比较、类

别概念等都有了更深的巩固。同时，两两合作的游戏也满足了中班幼儿交往的需求，大大提高了他们的社会交往能力，各种石头游戏的创意层出不穷，幼儿的想象力和创造力也得以提高。]

案例六

石头碰碰响

孩子对彩色的小石子特别感兴趣，他们总是一抓一大把，然后轻轻地洒在沙盘上，听"沙沙沙"的声音，也有的孩子无意间发现，小石子装在瓶子里摇晃时会发出"叮咚叮咚"的声音，他们非常好奇"瓶子里的声音是怎么来的？""所有的石头声音都是一样的吗？"带着这些问题，我们开始了一次探索石头声音之旅。

装一装

教师在科学区投放了各种瓶子，孩子们看到这么多瓶子，一下来了兴趣，非常好奇。"老师，这个瓶子里装的是什么呢？""我知道我知道，一定是石头。""到底是什么呀？"带着好奇心，孩子们把各种各样的石头放在瓶子里，反复摇一摇、听一听。

一粒石子和一些石子装在瓶子里，声音有什么不一样呢？是不是石子装的越多声音就越大？如果把瓶子装得满满的，声音会有什么变化呢？是不是一粒石子的声音最小呢？带着这些猜想，孩子们纷纷做起实验，当一粒又一粒小石子装进瓶子里，发现发出的声音是不一样的，如果把小石子装满瓶子，好像就没有声音了。孩子们在实验的过程中，丰富了许多感性经验。

那大石头和小石头比起来呢？装进瓶子里会发出什么不一样的声音呢？孩子们去寻找他们心中最大的石子和最小的石子，然后装进各自的瓶子里摇晃个不停，发现瓶子里装大小不同的石头会发出不同的声音。

教师又给孩子们准备了种类不同的石头，石头和石头碰撞能发出不同的声音吗？孩子们乐此不疲地尝试着，用各种各样的石子左敲敲右碰碰，感受着声音的变化。

石头声音之旅结束后，孩子们对石头的兴趣丝毫未减，石头探究活动仍在持续。

［评析：幼儿玩石头碰碰响游戏，尝试发现事物之间的联系。通过对石头声音的探究，幼儿获得丰富的感性经验，充分发展形象思维，而且初步尝试归类、排序、判断、推理，逐步发展逻辑思维能力，为其他领域的深入学习奠定基础。］

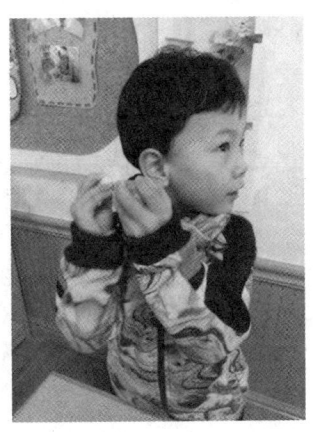

听一听

案例七

操场上的移动城堡

孩子们玩石头的热情非常高，仅在室内玩石头已经不能满足他们了，教师经常会听到他们的"抱怨"："老师，石头没地方放了""他总是碰到我的石头""老师，我想要玩大石头"。听到了孩子们的诉求，教师决定带孩子们走出教室，到操场玩石头游戏。

得知可以到操场上玩石头，孩子们都高兴得欢呼雀跃起来。出发之前，大家一起讨论可以在哪里玩、拿什么玩、需要哪些工具、怎么玩，以及玩的过程中需要注意哪些安全问题。经过激烈的讨论，大家决定在鹅卵石多的附近搭建城堡，这样取石头方便。来到了操场的鹅卵石聚集区，孩子自愿分成若干小组，先商量分工事宜，然后就开始行动起来！

小组成员中有的负责挑选石头，有的负责运输石头，有的负责拼摆，来来往往，忙得不可开交……不一会儿，半个操场上就留下了他们设计的大大小小城堡作品。有的城堡是正方形的，有的是圆形的，有的是彩色的，有的是规律排序的，有的是多圈环绕的，有的是异形的；有些城堡是可以相互连通的，有的城堡是挨个建起来的；还有的小组准备设计建一个最大的城堡，能装下所有的小朋友！活动结束时间到了，孩子们意犹未尽，恋恋不舍，久久不愿离开。

我们拼的石头城堡

初次户外玩石头，孩子们充分体验了户外分组游戏的快乐，也表达了还想再玩一次的心愿。基于孩子们的想法，以及进一步推进和完善城堡主题建构的活动，教师决定再次带孩子们去户外搭建城堡。因为有了之前分组活动的经验，孩子们决定这次全班一起搭一个大型城堡，选择在一个容易取放石头的大空地。于是大家带上工具和各种建构辅助材料，准备一次新的石头之旅。

第二次搭建大城堡，明显感觉幼儿轻车熟路，互相之间配合默契，对于空间结构的

一起拼摆的城堡你喜欢吗？

把握更加熟练，同伴之间的互动次数明显增加，作品与作品之间的联系也更加紧密。

[评析：幼儿在户外石头搭建活动中获得了许多的知识和经验，以及更多的社会性交往。在这个过程中，幼儿不仅与自然环境有了更进一步的亲密接触，而且也加深了对石头的物理性质的认识。活动在一步一步推进当中，从室内到室外，幼儿逐渐对空间的布局和设计有了初步的理解，了解了石头的安全使用。更加重要的是，幼儿从刚开始的各自游戏，逐渐发展到小组分工合作进行游戏，最后形成全班共同搭建，他们喜欢与同伴一

起设计、分工、合作游戏。在这个过程中，幼儿充分发挥了他们的想象力和创造力，利用户外的自然物和班上的辅助材料，将不同的材料合理、搭配利用进行构建。]

六、反思与感悟

"有趣的石头"主题活动还在幼儿的生活中继续着，他们从关注石头的外形、特征、用途，到和石头一起玩游戏，都是在自发、自主的积极参与学习和探索的过程，而教师在幼儿学习过程中一直不断观察幼儿，并在恰当的时机给予支持和肯定，如当幼儿对石头的花纹感兴趣，教师提供了泡水的鹅卵石，让幼儿更加清晰、直观地观察；又如当幼儿对石头造型感兴趣的时候，教师挑选了一些造型特别的石头放在美工区，发挥了幼儿的想象力，激发了幼儿彩绘石头的创造力；当室内的石头游戏不能满足幼儿的需求，教师带着幼儿到户外、到自然中充分和石头互动。

石头本身的特性就具有创造性，因此教师在引导中要善于观察孩子在探索石头中发现美的眼睛，从石头的造型、石头的组合、石头与其他自然物的整合等方面入手，通过彩绘、拼图、建构等方式玩出石头无限可能的创造性，培养幼儿发现美、表现美和创造美的能力。

游戏是幼儿最喜爱的也是最佳的学习方式，石头正好满足了孩子们游戏的天性，他们在玩石头中不断迸发出火花，想象力、创造力以及和同伴合作能力都得到极大的提高。

石头是自然物，在生活中很常见，相信孩子们的创造力会赋予石头更多的生命力。

蚕宝宝饲养记

一、主题由来

喜爱小动物是幼儿的天性,为了满足幼儿的好奇心与探究愿望,我们创设了小小观察角,饲养了金鱼、泥鳅、乌龟等小动物,鼓励幼儿近距离地与小动物互动。发现有的幼儿将碎纸片、小物件扔进鱼缸里,有的幼儿用力摇晃装泥鳅的盆子,还有的幼儿将乌龟抓起放到鱼缸内等行为。如何让幼儿学会与小动物友好相处,萌发关爱小动物的情感?为此,我们开展了主题活动"蚕宝宝饲养记",通过引导幼儿饲养蚕宝宝、观察蚕宝宝生长变化等方式,学习细心照顾蚕宝宝,为蚕宝宝的生长需要创设适宜的环境,用爱的言行表达对蚕宝宝的喜爱,进而获得善待动物、关爱生命的有益经验。

二、活动目标

(一)总目标

1. 对蚕宝宝有好奇心,了解蚕宝宝的外形特征、生活习性和生长需要。
2. 能持续观察蚕宝宝的生长过程与主要变化,并与他人交流和分享自己的发现。
3. 学会照顾蚕宝宝,萌发珍惜和关爱小动物的情感。

（二）子目标

活动一　可爱的蚕宝宝

1. 认识蚕宝宝，了解其主要特征及生活习性。
2. 喜欢蚕宝宝，知道用轻柔的动作触摸蚕宝宝。
3. 有好奇心，愿意观察和发现蚕宝宝的秘密。

活动二　周末我来照顾

1. 愿意承担周末饲养蚕宝宝的任务，具有初步的责任感。
2. 能根据蚕宝宝的生活习性照顾蚕宝宝，乐意为蚕宝宝服务。

活动三　给蚕宝宝换换家

1. 对蚕宝宝的生长变化感兴趣，并能持续观察与做好记录。
2. 能根据蚕宝宝生长的不同阶段，为其创设适宜的生长环境。

活动四　寻找桑叶

1. 能认真观察桑叶的主要特征，辨别真、假桑叶。
2. 尝试为蚕宝宝采摘桑叶，乐意为蚕宝宝准备安全、充足的食物。
3. 学会与同伴轮流、分工共同照顾蚕宝宝，进一步激发关爱小动物的情感。

活动五　我们的发现

1. 乐意与老师、同伴交流分享蚕宝宝每个阶段的生长变化。
2. 了解蚕丝的用途，知道蚕丝与人们生活的关系。
3. 感知蚕宝宝生命的孕育与消亡，初步懂得尊重和珍视生命。

三、网络图

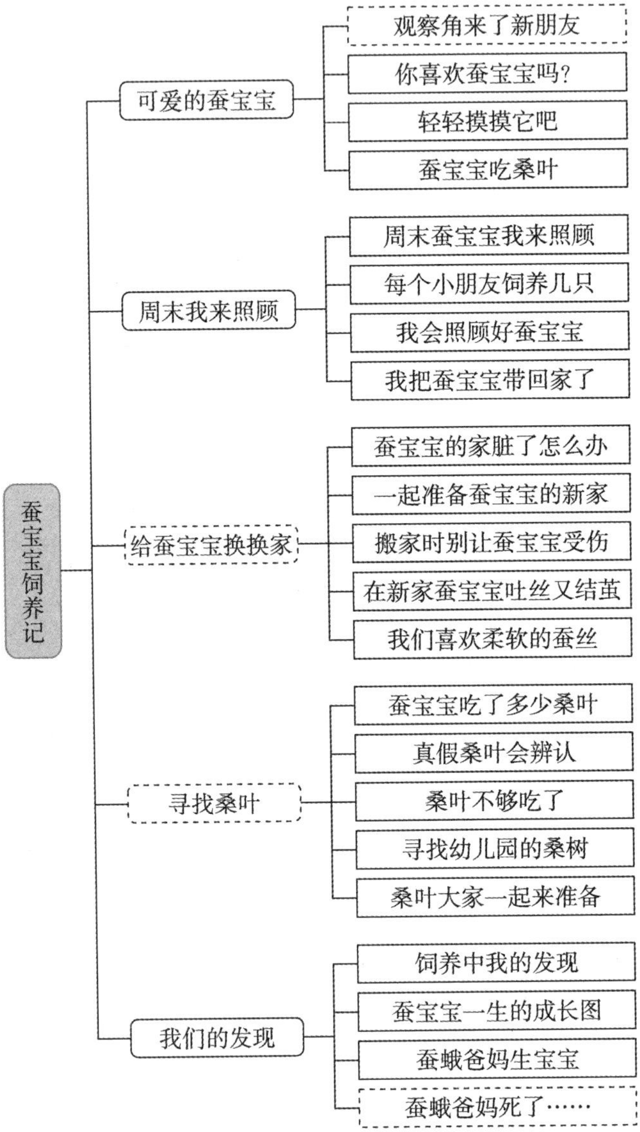

```
蚕宝宝饲养记
├── 可爱的蚕宝宝
│   ├── 观察角来了新朋友
│   ├── 你喜欢蚕宝宝吗？
│   ├── 轻轻摸摸它吧
│   └── 蚕宝宝吃桑叶
├── 周末我来照顾
│   ├── 周末蚕宝宝我来照顾
│   ├── 每个小朋友饲养几只
│   ├── 我会照顾好蚕宝宝
│   └── 我把蚕宝宝带回家了
├── 给蚕宝宝换换家
│   ├── 蚕宝宝的家脏了怎么办
│   ├── 一起准备蚕宝宝的新家
│   ├── 搬家时别让蚕宝宝受伤
│   ├── 在新家蚕宝宝吐丝又结茧
│   └── 我们喜欢柔软的蚕丝
├── 寻找桑叶
│   ├── 蚕宝宝吃了多少桑叶
│   ├── 真假桑叶会辨认
│   ├── 桑叶不够吃了
│   ├── 寻找幼儿园的桑树
│   └── 桑叶大家一起来准备
└── 我们的发现
    ├── 饲养中我的发现
    ├── 蚕宝宝一生的成长图
    ├── 蚕蛾爸妈生宝宝
    └── 蚕蛾爸妈死了……
```

备注：实线部分为教师预设的活动，虚线部分为幼儿生成的活动

四、环境与资源

主题墙以图画的方式呈现了蚕宝宝生长变化的各个阶段，使幼儿能直观地了解蚕的生长过程，并与同伴进行交流互动。饲养角、种植区、美工区等活动区角的创设，满足了幼儿饲养蚕宝宝、种植桑树、制作蚕宝宝等活动需求，为幼儿提供了观察、喂养、记录、表征的机会，帮助幼儿进一步了解蚕宝宝的生活习性。此外，通过日常照料和假期认养蚕宝宝活动，激发了幼儿关爱小动物的积极情感。

（一）环境创设

1. 主题墙。

蚕宝宝的成长日记

2. 活动区角。

蚕宝宝又白又胖

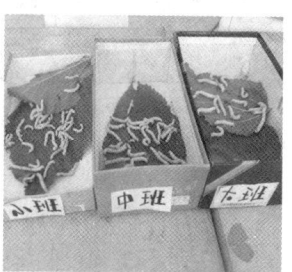

蚕宝宝的新家

幼儿园里有棵小桑树　　　　　给桑树浇水

我们的发现　　　　蚕丝衣服又柔软又漂亮　　　　蚕宝宝的生长变化

3. 其他。

周末把蚕宝宝带回家照顾

（二）资源利用

1. 提供工纺车抽丝剥茧视频网址，放在家长微信群，让家长播放并向幼儿介绍。

2. 准备好家庭饲养蚕宝宝的观察记录表。

蚕宝宝的秘密

号数

蚕宝宝的样子			我的发现	
摸一摸	身体怎样		大便的颜色、形状	
找一找	眼睛在哪		身体里有什么	
	鼻子在哪		怎么呼吸的	
	嘴巴在哪		为什么会粘在叶子上	
	耳朵在哪		吐丝了吗	
数一数	多少对足		你还发现哪些秘密	
在家里，你是怎么照顾蚕宝宝的？				

五、典型案例

案例一

我不喜欢蚕宝宝

一天早晨，冰夏小朋友手里捧着一个纸盒来到了班级，神秘地告诉老师这里装着"小宝贝"。小朋友好奇围拢过来，当冰夏打开纸盒时，孩子们看见许多又白又胖的"大虫子"躺在纸盒，部分孩子立即躲开说："好可怕""不喜欢"。害怕的孩子离开不再关注，感兴趣的孩子远远看着并好奇地问："它是啥？""大虫子？"

教师："冰夏小朋友带来的宝贝，你们为什么不喜欢？"

小雅："白白的，没有颜色好可怕！"

乐乐："这只胖胖的大虫子我不喜欢，我喜欢小兔子，它很可爱。"

小哲："没有脚，还会爬，好可怕。"

可可："好像没有眼睛，没有嘴巴，它是谁？"

幼儿对蚕宝宝的陌生、害怕、远离及好奇，引发教师的思考。春季是蚕宝宝的生长季，生长变化阶段特征明显，适宜开展科学主题探究活动，同时如何让孩子愿意接触蚕宝宝，克服害怕心理，如何引导幼儿学会与小动物相处，关心爱护小动物，冰夏的蚕宝宝提供了很好的教育切入口。

我不敢用手摸

教师："你们不喜欢这只大虫子，为什么冰夏那么喜欢它？我们请冰夏来告诉我们。"

冰夏："蚕宝宝现在是我的好朋友，它的家在观察角，我也很喜欢它，每天都会看它的。"

教师："今天我去看蚕宝宝了，还用手轻轻摸了摸它，软软的好可爱，谁和我一样也去看了它们？"

可可："我去看它了，它在吃树叶，树叶上咬了一个一个小洞。"

佳佳："冰夏把它抓起来，我躲开了，我还是不敢摸它。"

冰夏："我看到乐乐用手快快碰了下蚕宝宝，他不那么害怕了。"

教师："害怕的小朋友用眼睛看，等勇敢些了，再学习用一只手指轻轻碰，你们会很快成为好朋友的。"

冰夏："家里还有更小的蚕宝宝，细细的、黑色的，明天我也带来，小朋友就会不害怕了。"

观察角里的大小蚕宝宝的数量越来越多，教师有意识围绕观察角展开个别和集体谈话，带动幼儿每天去观察角看看、聊聊，围绕蚕宝宝就"你发现了什么"进行交流。许多幼儿就慢慢加入到观察队伍中，随着接触和关注频率的增加，幼儿的恐惧心理慢慢得到克服，自然角成了他们自由活动时最热门的地方。

［评析：幼儿对陌生的、没有接触过，特别是像虫子类的软体动物感到恐惧，不愿意、不敢接触是正常的现象。教师接纳幼儿不喜欢的情绪反

应,成人眼中的可爱,不是孩子眼中的可爱,给予较长时间让幼儿自己去适应蚕宝宝,去触碰、去互相带动,让幼儿自己去发现蚕宝宝的可爱。自然角为幼儿提供轻松自由的观察机会,幼儿慢慢喜欢上蚕宝宝,为下一步的活动开展奠定基础。]

案例二
清理蚕宝宝的便便

蚕宝宝渐渐长大了,身体越来越胖,进食桑叶的速度越来越快。一天早晨,孩子们惊讶地发现:"那么多桑叶都被吃完了,只剩下叶梗,怎么会有这么多的黑色大便呀。"

月月:"蚕宝宝长大长胖了,太能吃了,桑叶被吃出许多的洞,像一个一个的破网。"

亮亮:"便便又黑又多,蚕宝宝的家很脏,蚕宝宝喜欢新鲜的桑叶,桑叶放到便便上味道就不好闻了。"

教师:"盒子里有那么多蚕宝宝的便便,你觉得我们可以为它们做些什么?"

浩浩:"我们可以帮它们把便便捡出来,可是太多了,我不能用手捡,太臭了。"

教师:"我们来做小清洁员,为蚕宝宝的家打扫卫生,可以怎么清洁?"

孩子们想出许多"怎么清洁"的方法,最后一致同意让蚕宝宝暂时离开家,把残叶和便便倒掉,清洁干净后,再把蚕宝宝送回家的方法。教师支持幼儿的想法并提出自己的问题:"蚕宝宝身体软软的用手抓会伤到吗?""我们可以先请谁来做清洁员?为什么?"孩子们用心思考:怎样的抓拿动作是有爱的动

轻轻地让蚕宝离开残叶

作，抓拿什么位置是合适的。并一致同意让做事特别认真、细致、有耐心的孩子先来做清洁员等。通过师幼的多次互动，孩子们了解到在与蚕宝宝亲密的接触中应控制动作的力度，养成细致做事的态度，才能很好完成清洁工作。

孩子们也纷纷推选出首批适合的"清洁员"。在首批"清洁员"的带动下，为蚕宝宝清洁家，将残叶、大便倒掉，换上新叶成了孩子们每日来园后争抢着做的事。清理时，孩子们还会细心查看每片旧桑叶背后是否还粘着蚕宝宝，确定每只蚕宝宝都安全转移后，才把剩余的残叶倒入垃圾桶。每个孩子都很认真负责地做清理工作。

我是合格的清洁员

[评析："清理便便，打扫卫生"是幼儿力所能及的劳动，教师给予幼儿更多接触、服务、关爱蚕宝宝的机会，从而学会爱的行为、爱的表达，同时有效养成幼儿认真做事的习惯。]

案例三

周末我来照顾你

蚕宝宝成为孩子们关注的对象。他们喜欢蚕宝宝，总喜欢去看看、聊聊，与蚕宝宝慢慢建立了感情。快要过周末了，有的孩子开始担心了。

妮妮："蚕宝宝会不会被老鼠、蟑螂吃了？"

诗诗："把蚕宝宝的家用石头围起来，可是不能围太紧，没有空气，会死掉。"

教师："放假两天，蚕宝宝没有小朋友照顾，可能还会发生什么事？"

小健："桑叶吃完，我们没有给它新的吃，会饿死。"

芳芳："可能会想我们，会不开心。"

盼盼："大便会拉得很多，家会很脏，蚕宝宝身上很臭，太饿了，会不会吃大便。"

教师："看你们这么担心蚕宝宝，我也开始不放心了，你们有什么好办法？"

诗诗："可以放到保安叔叔那，他可以照顾。"

小健："我让妈妈带我来班上看看它，给它桑叶吃。"

教师："保安叔叔、妈妈周末也有很多事要做，照顾蚕宝宝是我们的事，周末我们把蚕宝宝带回家，你们自己来照顾两天可以吗？"

教师的提议，引起幼儿的兴趣，他们非常愿意接受周末照顾蚕宝宝的任务。孩子们开始讨论怎么把蚕宝宝带回家；每个人带几只；桑叶要带几片；大只的蚕宝宝吃得多，两天要多带几片桑叶；家里楼下没有桑树怎么办；死了怎么办；要放在家里什么地方最安全等。孩子们思考得越来越细致，内心有一股强烈的责任感"我可以像大人照顾孩子那样照顾好蚕宝宝"，主人翁意识得到激发。

孩子们围绕关心和担心的问题，通过商讨，想出了解决的办法：

＊数数班级几个孩子，准备同数量的一次性碗。

＊数数一共有几只蚕宝宝，大家分一样多的蚕宝宝。

＊班上还有多少桑叶先平均分，下课后再到幼儿园桑树那多摘些。

＊路上拿的时候要小心，不能弄丢了。

＊回家后要告诉爷爷奶奶这是蚕宝

每人一个碗，装着蚕宝宝

宝，不能当垃圾给扔了。

* 要放在高一点的地方，不能弄湿了，不能让虫子爬进去等。

幼儿带着饲养记录表开始周末饲养、观察蚕宝宝。他们观察细致，记录生动，并在集体中踊跃分享自己的发现。家庭饲养活动丰富了幼儿的感知，培养了幼儿的责任心，激发幼儿呵护幼小生命的意识。

蚕宝宝，跟我回家了！

我来说一说蚕宝宝的秘密

［评析：因为有爱，幼儿自发提出自己的担心，并细致思考"如何照顾好蚕宝宝"的许多细节问题，学会如何从他人的角度思考问题。为幼儿提供服务他人的机会是培养幼儿懂关爱、会关爱的有效途径。"活教育"的思想应渗透在每个老师的心里，体现在每个孩子身上。］

案例四

寻找桑叶

蚕宝宝对桑叶的需求量越来越大，教师及个别家长每日提供的桑叶已经不能满足蚕宝宝的成长需求。

天天："蚕宝宝把头扬得高高，找不到叶子吃，好着急的样子，好可怜！"

乐乐："蚕宝宝不是小宝宝了，是大人了，吃很多了，你看，新鲜的叶子一下就抢光了。"

教师："桑叶太重要了，我们可以怎么做，才能让蚕宝宝每天都有桑叶吃？"

这时，琪琪说"我家附近有棵桑树"，其他幼儿也纷纷说开了，有的说自己家楼下有，有的说爸爸单位有。有趣的是，许多幼儿都表示家附近有桑树，但教师与家长交流后发现原来是"爱的谎言"，孩子们是那么希望自己家附近也有桑树，也可以帮助到蚕宝宝，从中可以感受到幼儿对蚕宝宝的关心、爱护之情。为了满足蚕宝宝的食量，让其健康成长，幼儿开始"寻宝大行动"，在家周围、社区、公园等自然环境中寻找桑树，并发动家长一起帮忙采摘桑叶。帮蚕宝宝找桑叶成为幼儿和家长心头挂念的事，周末外出郊游时，大家都不忘寻找、采摘桑叶。

接下来的日子里，每天都有富有爱心和责任心的幼儿主动把新鲜的桑叶带到班级，过程中也发现"假桑叶"。

教师："有些叶子跟桑叶长得很像，我们要认真看看真桑叶的样子。"

这天，班上有个小朋友带了一棵小桑树来。孩子们常常自发围坐在小桑树边，教师惊喜地发现他们能自主地运用看、闻、摸等方法观察桑叶，并互相交流着自己的发现，学习辨别真假桑叶的本领。

盼盼："叶片有点爱心形的，上面尖尖的。"

小明："叶的边边有牙齿的样子，一个角一个角的。"

我带的桑叶比脸大

闻一闻，味道是不是一样

青青:"闻一闻,味道是不是一样?"

敏敏:"大的叶子厚点颜色深些,刚长出来的有点小有点透明,颜色看着很好看。"

饲养活动引发幼儿对桑叶、桑树的兴趣,通过观察比较他们了解了桑树、桑叶的特征。带着获得的认知经验,他们开始在幼儿园中寻找"桑树妈妈"。

真桑叶的边缘是牙齿状

找找幼儿园里的桑树

比一比,叶子有些不一样

[评析:辨别真假桑叶,寻找桑树、桑叶,在满足蚕宝宝成长需求的同时,幼儿还要观察、甄别不同的植物叶子。从饲养蚕宝宝延伸到辨别自然环境中的植物,引发幼儿对动植物及它们之间关系的探究,活动逐渐深入。]

案例五

给蚕宝宝换换家

• 第一次换家:房子太小,分开住吧!

长胖的蚕宝宝在原有的纸盒里住着很拥挤,教师引导幼儿谈论:"蚕宝宝长大了,家有些挤,蚕宝宝会有怎样的感觉?"幼儿认为要给蚕宝多提供几个家，分开住，这样它们会住得舒服些。

小健："有的蚕宝宝个子大，有的小，可以分成大班、中班、小班，像我们一样。"

晨晨："我不敢抓，软软的有些害怕，赞轩胆子最大了，可以来抓。"

教师："分家时要比比看看，哪只大，哪只小。要怎么抓才不会伤害到蚕宝宝？"

轻轻地抓出大只的蚕宝宝

幼儿收集了鞋盒，个别胆子大的幼儿开始轻轻将蚕宝宝抓起，移放到新家里，其余幼儿在旁边观察，提出意见："这只大的可以换到大班，这只小的放小班""太小了，要小心点，别捏扁了""大班蚕宝宝以后桑叶要多给它们吃"等。

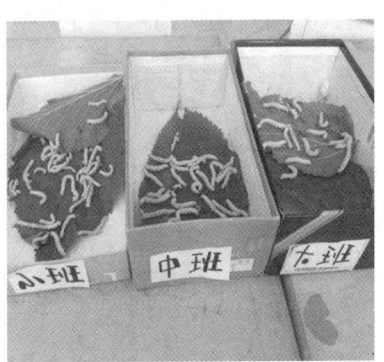

大小一样的蚕宝宝住在一起

- 第二次换家：换个新家吐丝又结茧。

小骞："老师，这些蚕宝宝都不吃桑叶了，好像在找什么东西。"

小杰："老师，它们仰着头，它们怎么了，想做什么呀？"

一些生长快的蚕宝宝停止了进食，寻找合适的地方休息，进入吐丝的前期状态。教师有目的地引导幼儿观察，哪些蚕宝宝还在进食，哪些蚕宝宝不再进食，再进行分类。

师："有的蚕宝宝小还在进食，有些宝宝要吐丝了，它们在一起，我们不好

在新家里安静吐丝

照顾，可以怎么做？"

大小不同的蚕宝宝被放到两个盒子里。细心的幼儿观察到，蚕宝宝会一直往盒子壁爬动，想找到有阻挡的位置吐丝结茧，需要一个拐角形的地方来结茧，为此又提供了这样有点像斗状的、有多间格子的新家。蚕宝宝在自己独立的空间里，安心吐丝又结茧。

• 第三次换家：变成蛹，变成蛾，再换个新家吧。

蚕宝宝长大了，逐只变蛹，变蛾，幼儿对它们的变化充满好奇。

岚岚："这不是蝴蝶，是蛾，我知道。妈妈告诉我的。"

丽丽："蛾找不到朋友时，会使劲摆动着翅膀，好着急的样子。"

聪聪："有的蛾会拉小便，会弄脏新生的宝宝。"

教师："有的是蛹，有的已经变成蛾，有的蛾生宝宝了，有的蛾会排泄弄脏家，我们可以怎么办？"

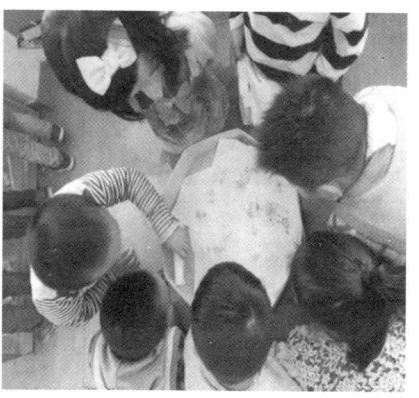

蛾妈妈要生宝宝了

幼儿观察发现，新家比较脏乱，此时的蛾产卵的状态不同，乱成一团。为给它们更用心的照顾，幼儿决定为蛾爸爸妈妈提供交配繁殖的新家。

浩浩："再给它们换个家吧，爸爸妈妈在一起，可以干干净净生宝宝。"

洋洋："爸爸妈妈在一起，我们用手搬家会伤害到它们，怎样办？"

教师："我有个办法，用一纸片，轻轻垫在它们的下面，轻轻移动，用小纸片为它们换新家。"

[评析：蚕的一生经历卵、蚁蚕、成虫、茧、蛹、蛾阶段的成长变化。幼儿通过饲养活动，观察蚕宝宝每个阶段的突出特征，了解蚕的生长规律，学习爱护蚕宝宝。教师有意识地以"换新家"的方式，将饲养活动与

为蚕宝宝创设更加适宜、温馨的家联系，促进幼儿关爱动物能力及情感的发展。]

案例六
空空的蚕丝洞

蚕宝宝从蛹变成蛾，留下了一个个空空的"蚕丝洞"（蚕茧），有黄色的，有白色的，幼儿纷纷议论起来。

小哲："这么多的小洞洞真可爱呀，我用手拿起来，轻轻的，一捏就塌下去了。"

涛涛："我知道，这个洞是蚕宝宝吐出的丝围起来的，它们会自己盖房子。"

木木："蛾妈妈很厉害，会自己咬个洞爬出来，小屋子它就不住了。"

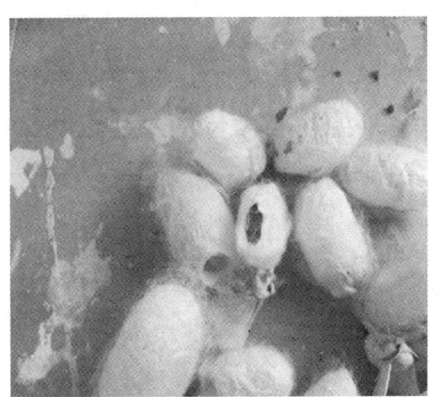

空空的蚕丝洞，太神奇了！

教师："这么多的空洞洞，你们觉得可以用来做什么？"

欣怡："空空的，没有用，我们把它扔掉。"

小哲："可以用来做假假的药片，我来当医生，给病人吃。"

教师："蚕宝宝吃了很多桑叶，辛苦吐出丝，慢慢结了'茧'，变出'蚕丝洞'，扔掉的话蚕宝宝心里会怎么想？这个蚕茧可是大宝贝哦，可以用来做什么？问问爸爸妈妈，你们会发现它们的秘密。"

教师向幼儿提出任务，同时请家长参与其中，引导家长借用书籍、网络、视频等途径，拓展幼儿的认知，以获取相关经验。在家长的参与下，幼儿纷纷从家中带了用蚕丝制成的丝巾、睡衣、蚕丝扇及蚕丝被等相关的实物或图片，展示在班级环境中。

教师："你们发现它们的秘密了吗？可以用来做什么？"

洞洞:"蚕宝宝吐出的丝,细细、软软的,摸摸很舒服。"

若若:"妈妈漂亮围巾是蚕丝变的,围在我脖子上,感觉轻轻的,很漂亮。"

乐乐:"妈妈说我盖的被子也是蚕丝变的,看,我躺在被窝里很舒服。"

通过观看视频,孩子们对一个个的蚕茧被抽丝剥茧、在机器的帮助下制作成生活用品的过程感到十分好奇,对自然物与人类社会生活之间的关系有了初步的感知。幼儿自发提出也要试一试抽丝剥茧,于是教师提供盆、小刷子、小棍等工具,让幼儿尝试用温水浸泡煮沸蚕茧,体验抽丝的乐趣。

蚕宝宝吐出的丝,细细、软软的

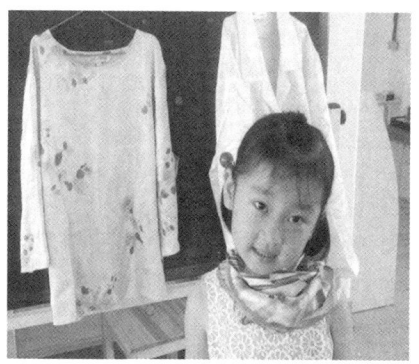

我的蚕丝围巾真漂亮

[评析:让幼儿接触大自然,接触动植物,初步了解和体会动植物与人们生活的密切关系,从而知道尊重和珍惜自然界中的生命是《3—6岁儿童学习与发展指南》科学领域发展的目标。从蚕宝宝的蚕茧到蚕丝制品,幼儿初步体会到动物与人们生活的关系,体会到人与自然、动植物的依赖关系。]

案例七
蚕蛾爸妈死了

幼儿对蚕的交配繁衍后代的方式非常的感兴趣，知道"蛾爸爸和妈妈要这样在一起，才会生下小宝宝"。围绕话题持续多日的讨论，幼儿纷纷表达获得信息的途径是"书上看的""大人告诉我的""我以前养过蚕就知道了"等。

一天，一个幼儿惊奇地发现蛾死了，引来幼儿的高度关注，幼儿表现出不理解和难过。

浩浩："为什么会怎样？他们死了宝宝怎么办，不要死就好。"

妮妮："好可惜，好可怜。"

小杰："生了蚕宝宝蛾妈妈就死了。"

为此，教师组织幼儿观看视频"蚕的一生"。幼儿初步了解动物繁衍的方式与人不同，能理解蚕繁殖后代的特别方式，接受蚕蛾死亡。

小健："我可以将蛾尸体收放在盒子中，埋到土里。"

小健的提议得到大家的同意。在之后的饲养过程中，幼儿更加仔细观察蛾的变化，一发现死去的蛾，就把它们尸体收放在盒子中，掩埋在花坛里，表达对蛾爸爸妈妈的爱和尊重，幼儿也纷纷表示会代替蛾爸爸妈妈照顾好刚生下的小宝宝。

这些蚕蛾死了，好可怜

把死去的蛾埋在桑树妈妈这

[评析:"生命教育应该从孩子做起,从饲养动物开始,通过观察、种植和饲养活动,让幼儿感知生物的多样性和独特性,以及生长发育、繁殖和死亡的全过程。"这是《指南》科学探究中亲近自然领域中的目标。让幼儿了解生命的开始与结束,学会尊重生命,是一种人文关爱精神的渗透教育。通过饲养蚕宝宝,让幼儿亲身经历生命的生长发育、繁殖和死亡,这样的过程为幼儿形成热爱生命、尊重生命的态度的萌发奠定基础。]

六、反思与感悟

日常生活中的饲养活动,能为幼儿提供最为原生态的人与动物和谐相处的机会,能有效激发幼儿关爱动物的天性,但对动物爱之情感的培养不是单一活动就能做到的,需要让幼儿身心都融入到关注、观察、照顾、服务等过程中,而饲养活动需要适宜的环境、资源、材料、记录、设计等策略的多方位支持,因此,有准备、有深度探究架构的饲养活动才能充分发挥饲养的教育价值,是培养幼儿尊重、关爱、珍惜生命的有效途径。

小燕子，我们爱你

一、主题由来

春天来了，燕子又回到了幼儿园的屋檐下，孩子们每次经过都会饶有兴致地看着燕子一趟一趟地衔草、和泥，飞到去年曾经筑巢的电箱上，一层又一层地垒高筑巢。"上次有一只燕子宝宝从窝里掉下来了，燕子爸爸妈妈是想把巢垒高一点，不让宝宝掉下来吧。""燕子是用湿湿的泥土把一根一根稻草粘起来的。""泥土干了很坚固，不会被台风吹走。"燕窝的变化成为幼儿每天谈论的话题。追随着幼儿的关注点，主题活动"小燕子，我们爱你"由此应运而生并不断推进。

二、活动目标

（一）总目标

1. 能关注燕子的外形特征、生活习性和生长变化，并大胆猜想与验证。
2. 能根据观察结果提出问题，并动手动脑尝试解决。
3. 能用图文并茂的方式记录活动过程，乐意与他人交流、分享自己的发现。
4. 学习查阅资料，与同伴共同寻找问题的答案，并乐在其中。
5. 关心燕子宝宝的成长，激发善待生命的情感。

（二）子目标

活动一　燕子回来啦

1. 关注燕子回来的现象和活动，能围绕自己感兴趣的问题与同伴进行交流、大胆猜想。

2. 乐于发现和探索燕子做窝、飞行与休息时尾巴状态不同等现象，并积累相关经验。

活动二　燕子下蛋了

1. 观察燕子生蛋、孵蛋的现象，了解蛋与卵的不同。

2. 感知燕子的外形特征，能分辨公燕子和母燕子。

活动三　燕子宝宝孵出来啦

1. 能持续观察和发现燕子生长变化、飞行方式等生活习性，尝试用图文并茂的方式进行记录，并与同伴交流、分享。

2. 愿意与爸爸妈妈共同查阅资料，能与同伴交流、探讨保护燕子的方法，合作为燕子宝宝制作保护篮。

3. 敢于提出自己感兴趣的问题，尝试通过查阅资料、请教老师等方式获取相关信息。

三、网络图

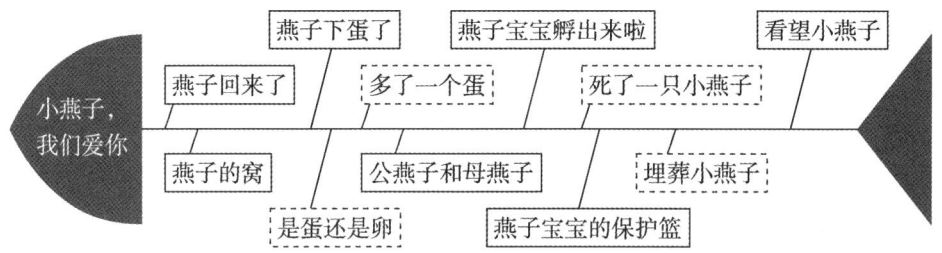

备注：实线部分为教师预设的活动，虚线部分为幼儿生成的活动

四、环境与资源

追随幼儿的关注点,主题墙上陆续呈现了幼儿在观察燕子窝、讨论燕子飞行与静止时尾巴姿态、辨别燕子公母、设计燕子宝宝保护篮等过程中遇到的问题、解决的办法等探究过程。活动区提供的陶土、树枝、纸卷芯等自然材料,激发了幼儿自主创作的兴趣,支持幼儿主动表达、大胆表征自己的想法,引发幼儿与环境、同伴积极互动,进一步拓展了幼儿关于燕子的经验。

(一)环境创设

1. 主题墙。

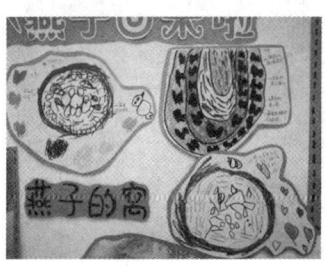
燕子的窝

讨论不让燕子宝宝掉下来的好办法

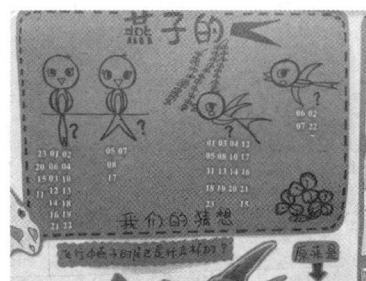

飞行和休息中的燕子尾巴

 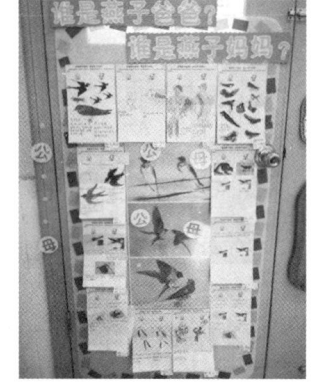

我们的问题　　　　　　　　我们的调查结果

2. 活动区角。

美工区：小燕子的窝

3. 其他。

小燕子吊饰

（二）资源利用

1. 请家长助教（中学生物老师）为幼儿介绍燕子的相关知识。
2. 邀请观鸟协会的老师来园为幼儿答疑解惑。

家长助教介绍燕子的知识

观鸟协会老师答疑解惑

五、典型案例

案例一

燕子窝什么样

去年春天，幼儿园大门口的电箱上出现了一个燕子窝，燕子成为了我们的邻居。孩子们经过时都喜欢停下来观察一会。有一天一只燕子宝宝从窝里掉下来，不幸死了。

今年，燕子又飞回来了！"今年春天回来的燕子，还是去年的那只燕子吗？""燕子每天一趟一趟地衔草、和泥，飞到去年曾经筑巢的电箱上，它们到底在做什么呢？"带着问题，孩子们和爸爸妈妈共同收集有关燕子的图卡、书籍，与伙伴们一起分享着、交流着。

保安叔叔爬上梯子拍摄燕子动态

为了满足孩子们的兴趣，教师和保安叔叔爬上梯子，用手机拍摄燕子窝的视频与照片，让他们能够近距离观察到"燕子窝里发生的事"。

孩子们兴奋地展开了讨论。

教师："今年的燕子窝与去年的有什么地方不一样？"

涛涛："燕子在窝里多垫了一层稻草。"

落落："窝建在摄像头上面的箱子上。"

教师："它的窝是什么形状的？"

幼儿齐答："半圆形。"

教师："燕子为什么要在窝里垫一圈这样的稻草呢？"

颜颜："这样小燕子不会掉下来。"

小颖："除了稻草，上面还垫了泥土。去年有一只小燕子从窝里掉下来，翅膀被压住受伤死了。"

教师："为什么去年燕子会从窝里掉下来呢？"

小颖："因为草垫得还不够多。"

涛涛："我知道了，燕子爸爸妈妈是想把巢搭高一点，让宝宝不会掉下来吧！"

颜颜："我觉得多垫些草可以孵蛋、保暖，或者可以盖在身上睡觉。"

宣宣："我觉得这样蛋不会掉下来摔破。"

宸宸："小燕子可以在窝里跳跳跳，很柔软。"

教师："燕窝外边的泥土是什么样的？与里面柔软的稻草有什么不一样呢？"

幼儿齐答："泥土是硬的，稻草是软的。"

颜颜："燕子是用湿湿的泥土把稻草一根一根粘起来的。"

宸宸："泥土干了很坚固，不会被台风吹走。"

幼儿绘制的"燕子日记"

教师引导幼儿以图文并茂的方式及时记录，用画日记的方式给小燕子做一本记录观察日记。

［评析：去年小燕子的死亡引发了幼儿的猜想，但由于当时是小班，幼儿对燕子的关注和兴趣未能持续。今年燕子回归再次激发了幼儿探究的兴趣，这一探究活动符合中班幼儿年龄特点，也是幼儿身边最亲近、真实的事件，因此教师及时把握幼儿关注热点，引导幼儿展开讨论，每天观察记录，从鸟窝的变化开始，跟着孩子的步伐一步步走近燕子的世界。

由于燕窝建造的地形特殊，不方便安装监控录像，幼儿不能持续观察到燕窝和燕子的日常变化，因此幼儿园教师和后勤人员定期拍照、录像，收集燕子筑巢的视频，给予幼儿探究最大的支持，使幼儿能根据收集的信息，用不同方式表达出自己观察到的燕窝。］

案例二

是卵还是蛋

4月8日，燕子妈妈下了5个蛋，蛋是什么样的呢？

宸宸："燕子的蛋是白色的，上面还有黑黑的小点。"

小豪："燕子的卵是椭圆形的。"

教师："小豪说燕子生的是卵，到底是蛋还是卵呢？蛋和卵有什么不一样呢？"

小颖："蛋比较大，卵是小的。"

教师："大家都是这么认为的吗？"

燕子妈妈下的是卵还是蛋？

针对如此科学严谨的问题，老师立刻组织孩子们现场上网搜索。通过观察比较，孩子们发现卵比较小、是软的，而蛋比较大、相对硬些。卵一般只是指昆虫和鱼类等卵生动物的卵，而蛋则一般指鸟类和部分爬行动物产下的蛋。通过现场网上搜索、解答，孩子们认识到网络的强大，在之后的活动中，他们一有需要马上解决的小问题，都会马上请教师或者爸爸妈妈用网络工具帮忙。

多了一个蛋

4月11日，孩子们观察教师拍下的照片，发现燕窝里多了一个蛋，孩子们又讨论开来。

涛涛："第六个蛋和之前的五个蛋比起来是一样的，白色上面都有棕黑色的点。"

小淳："我觉得是燕子妈妈又生的蛋。"

多了一个蛋

师："你们觉得这颗蛋会和其他的蛋一起孵出来吗？"

小颖："它们长得一样大，应该会一起孵出燕子的。"

宸宸："不会，多出来的这个蛋会最后孵出来。"

师："那我们继续观察，看一看小燕子孵出来的时候，是五只燕子还是六只燕子。"

罗罗："如果是五只小燕子说明有一颗蛋还没出来，如果是六只，说明它们是同时孵出来的。"

［评析：科学活动有时候不会即时呈现答案，教师有心引导幼儿大胆猜想，留置幼儿感兴趣的问题持续观察记录，支持了幼儿求真的热情与期待。］

燕子如何孵蛋？如何区分公燕子和母燕子？

自从燕窝里有蛋后，孩子们发现每天都有一只大燕子坐在窝里孵蛋。这只燕子到底是燕子爸爸还是燕子妈妈呢？

颜颜："我看见燕子妈妈天天在窝里孵蛋，燕子爸爸抓虫给她吃。"

宸宸："你怎么知道哪只是燕子妈妈，哪只是燕子爸爸呀？"

涛涛："我知道在窝里孵蛋的是妈妈，生宝宝的都是妈妈。"

小颖:"个子大的一定是燕子爸爸,它和我爸爸一样很强壮。"

听着孩子们的讨论,教师建议大家回家和爸爸妈妈一起查资料,看看怎么分辨哪只是燕子爸爸,哪只是燕子妈妈,到底燕子是怎么孵蛋的,并制作了一张表格,鼓励孩子们将自己了解到的答案用图文并茂的方式记录下来。

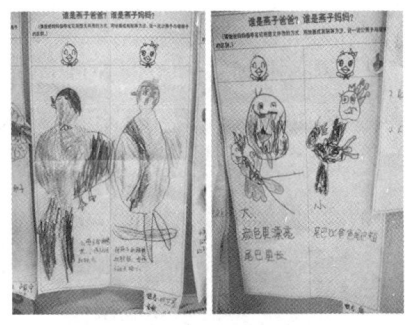

原来这样分辨公燕子母燕子

涛涛:"我知道燕子妈妈的尾巴短,肚皮带微黄色。"

小雅:"我妈妈告诉我,燕子爸爸的尾巴长,脖子比较红,趴窝孵蛋的是燕子妈妈。"

宸宸:"燕子妈妈的肚子偏黄,尾巴短。"

〔评析:教师欣喜地看见大部分孩子能认真记录自己的表格,并讲解自己的认识,可见孩子对此主题的兴趣浓厚,家长的配合度较高。家长是幼儿园活动的重要支持者,主题活动如果得到家长的支持,能够更有力地帮助教师、幼儿获得更多的资料,从而建立更丰富的班级主题活动资源库。从区分燕子公母的小活动中可以看出,这些问题从幼儿中来,而教师不急于上网搜索或翻阅书籍告知幼儿答案,而是留着问题,精心策划了亲子互动调查环节,区分燕子公母的经验也慢慢从幼儿与家长共同查阅资料、剪贴、绘画等多种形式中呈现出来,幼儿在交流反馈中还互相学习同伴找到的答案。〕

案例三

燕子宝宝孵出来啦!

4月17日,燕子孵出了五只小燕子,它们长什么样呢?

罗罗:"小燕子的肉肉是粉红色的。"

宸宸:"小燕子身上有很少灰色绒毛。"

颜颜:"小燕子眼睛是闭着的,它们是睡着了吗?"

宣宣："我看见燕子妈妈喂燕子宝宝吃虫子了，燕子宝宝眼睛就是闭着的。"

教师引导孩子们观看刚出生的燕子宝宝视频，孩子们发现，刚出生的燕子宝宝眼睛是闭着的，过了几天它们渐渐长大才睁开眼睛。

颜颜："燕子宝宝很顽皮，在窝里会动来动去的。"

宸宸："那这个燕窝够大、够高吗？燕子宝宝再掉下来怎么办？"

孩子们开始纷纷担心起来。怎样保护小燕子，让它们不从窝里掉下来呢？孩子们回家和爸爸妈妈一起商量并记录保护燕子宝宝的办法。

燕子宝宝还会从窝里掉出来吗？

燕子宝宝的保护篮

在爸爸妈妈的帮助下，孩子们不仅以图文并茂的形式记录了保护燕子宝宝的办法，还收集了纸箱、海绵、网兜等材料，大胆向同伴介绍自己的想法。

我来介绍保护燕子宝宝的办法

小歆："我在燕窝下放一个带铃铛的网，小燕子掉下来就会发出叮叮叮的声音提醒我们。"

小肖："我们一定要戴着手套把它送回家，不然沾了人气燕子妈妈就不要它了。"

小郑："在燕窝下面放个海绵弹簧垫，小燕子掉下后就可以弹回去。"

小蒋："可以想办法把燕窝旁边加高，还可以在燕窝下挂一个网兜。"

小邹："可以在燕窝外面建个小房子装上电梯，小燕子就可以坐电梯回窝里。"

教师："这么多办法，到底哪种最适合燕子宝宝呢？首先我们不能破坏燕子爸爸妈妈搭的窝,也不能挡住幼儿园的台阶,影响小朋友们入园。"

这时,有人提议:"小燕子会将大便拉到燕窝外,要选择可以保持干净的材料。"

最后,孩子们在教师的引导下形成了一致的建议:在燕窝下放厚纸板、挂洗衣袋网兜,因为洗衣袋网兜是透明的,可以观察到小燕子,厚纸板放在下面可以接住燕子的大便,不会把台阶弄脏。

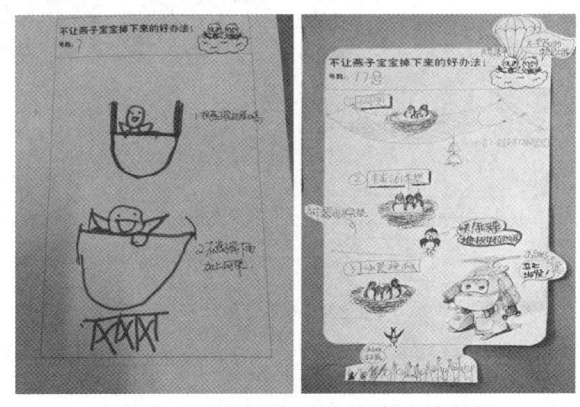

在燕窝下面挂网兜、放纸板的方法最好

[评析:燕子宝宝出生了,去年孩子们发现一只小燕子掉下来死了,于是担心今年小燕子还会摔死,教师在引导幼儿观察小燕子出生萌态的同时,及时引导幼儿根据自己去年感兴趣的问题,制定保护小燕子的措施。中班幼儿水平能力有限,因此教师与家长及时沟通互动,引导幼儿与家长共同制定保护小燕子的行动计划,以图文并茂的形式呈现自己的想法,最后在群体中交流,确定解决方案。]

保护篮挂好了

为了让保护篮能保持干净,孩子们在游戏材料超市里找来了泡沫铺上,脏了可以更换,并画上保护燕子的标志,轻便安全、爱心满满的燕子宝宝保护篮做好了。

保护篮放哪儿?怎么把保护篮挂上去?

颜颜:"燕窝太高,我们没法把保护篮挂上去。"

小淳:"请我爸爸来帮忙吧,他是警察。"

小豪:"还可以请消防员叔叔帮忙。"

教师:"警察和消防员叔叔要抓坏人和救火很忙,我们还可以请谁帮忙?"

涛涛:"请保安叔叔吧,我们的保安叔叔很有本领,经常爬高给燕窝拍照、拍视频给我们看。"

我们动手设计制作的保护篮

于是,孩子们决定给保安叔叔写封信求助,帮助把保护篮挂在高高的燕子窝下。

怎么写信?信上要对保安叔叔说些什么呢?

教师找到了一封大班哥哥姐姐用绘画方式写的信,一边念一边解释给孩子们听。"我们也可以用画画的方式给保安叔叔写信。"

孩子们七嘴八舌,热烈地讨论着用什么符号来表达自己想说的画,并在教师的帮助下,终于写好给保安叔叔的求助信。孩子们把信送到保安室,一边指着一边读给保安叔叔听,保安叔叔爽快地答应了。

有了保安叔叔的帮助,小燕子的保护篮挂好啦!燕子宝宝终

给保安叔叔"解读"我们写的求助信

于可以放心地长大了。孩子们开心地笑着,这真是一次充满爱的行动呀!

保安叔叔帮我们挂好保护篮啦　　　小燕子终于有了安全的保护

[评析：寻求帮助的过程，也让幼儿意识到自己还未长大，就像小燕子还需要爸爸妈妈喂养一样，但寻求帮助的过程中孩子们提出了各种可爱的想法，在教师引导下，最后确定了由自己身边最近的保安叔叔来帮助。如何求助是一门本领，教师适时给出了适宜的建议，让幼儿又一次提升了生活经验。]

案例四

燕子宝宝，我们会想你的！

小燕子的安全和它们的变化，是孩子们每天入园时都要关注的事情，和爸爸妈妈、小伙伴一起站在燕子窝下看一看、聊一聊，成了孩子们的习惯。而每天给燕子拍拍照，也成了保安叔叔的习惯。5月8日一早，保安叔叔告诉了教师一件难过的事，一只燕子宝宝倒挂在燕子窝外面，不动了。细心的保安叔叔拍下了照片，并将燕子宝宝轻轻取下，装在了玻璃瓶里。

小燕子的脚被勾住了

上午，教师没有先告诉孩子们小燕子死去的消息，而是带孩子来到了燕窝下。细心的孩子们发现窝里少了一只小燕子，"小燕子去哪儿了？是长大飞走了吧！"回到活动室，教师出示这只小燕子的照片和玻璃瓶，孩子们近距离看着死去的小燕子，讨论起来。

小颖："燕子宝宝一定是想吃妈妈找来的虫子，头伸太长掉下来的。"

小蒋："可是它怎么没掉到我们做的保护网里？"

罗罗："小燕子的脚是被鸟窝勾住了，真可怜。"

阳阳指着瓶子里的小燕子说："小燕子肚皮上的毛还没长齐。"

小蒋："小燕子的嘴巴是黄色的，好大呀！"

小贝："小燕子的翅膀是打开的。"

小淳："小燕子死了，好可怕！"

涛涛："这有什么可怕？我看过《寻梦环游记》，小燕子死了跟人一样，我们记住它就行了，它在我们心里。"

罗罗："我知道，小燕子是去天堂了。"

小凡："对，小燕子去天堂就会看见白云了。"

罗罗："我做过一个梦，小燕子死了以后，天上的星星就会变成它的头的样子。"

涛涛："燕子宝宝死了，该怎么办呢？我们是不是要把它埋掉？"

燕子宝宝去天堂了

燕子宝宝死了，我们把它埋掉吧

[评析：小燕子死亡时教师并没有马上告诉幼儿，而是留给幼儿充分的时间自己去观察发现，并且利用这一契机，让幼儿零距离观察生长到一

定阶段燕子的外形特征，教师尽最大努力保护了幼儿观察发现的权利。在前期一系列事件的铺垫中，幼儿对小燕子已经产生了深深的感情，因此在活动中幼儿的谈话可以看到孩子们对死去小燕子的惋惜不舍，对生命的尊重。]

埋葬小燕子

燕子宝宝死了，我们应该把它埋葬。可是，怎么埋葬它？埋在哪里呢？孩子们一致说要把小燕子埋在幼儿园后面的草地里，但是，要装在瓶子里埋还是不装瓶子直接埋，有了两种不同的看法。在大家的提议下，孩子们决定用投票来表决，按意愿分成两队并说出理由，最终以票数多的方式来埋葬。

主张不装瓶子直接埋的孩子们认为：

＊不装瓶子，小燕子可以变成小花小草的肥料，这样小花小草就长得更好了。

＊如果用玻璃瓶，别人踩到玻璃会受伤的。

主张装在瓶子里埋的孩子们认为：

＊不装瓶子，小燕子会有细菌。

＊不想小燕子变成肥料被小花小草吃掉。

＊如果土很松，小燕子会被人踩扁的。还要做一个牌子，上面要画上燕子，画个脚打个叉，表示这里埋着小燕子，不能踩。

最后，"把燕子宝宝装在玻璃瓶里埋葬"获得了多数票。

那选择用什么制作牌子好呢？小颖说纸张太软，风会吹走雨会淋湿，应该用木牌最好，不怕雨。

罗罗："牌子都要写名字呢！这只小燕子还没有名字呀？"

教师："那我们给它起什么名字好呢？"

小小燕、灰灰、萌萌、小毛绒、小馒头……最后，孩子们决定叫它"萌萌小毛绒"。

孩子们请教师帮忙在木牌上写上"萌萌小毛绒"的名字，推选班里画画最好的陈熠扬画木牌，李霁颜画今天的燕子日记。

给"萌萌小毛绒"做墓牌　　日记里记录下死去的燕子宝宝

下午，教师带领孩子们去幼儿园后面的草地找寻适合埋葬小燕子的地方。哪个地方合适呢？

宸宸选了最前面的一棵树下，用手指着说："我觉得埋葬在这里好。"

小淳说："可是这里是滑滑梯的入口，很多人走来走去会踩到小燕子，不好。"

教师："看看还有没更偏一点的地方，人比较少经过的地方。"

涛涛走向后边的一棵树下说："这地方有花有树，我觉得很合适。"

小贝走到了更里边的一棵树下，指着说："这里更好，不会有人走进去打扰小燕子睡觉。"

经过讨论，孩子们举手同意小贝的说法，把小燕子埋在比较少人会经过的墙边树下。

几个带了铲子的孩子开始挖洞，但是不管他们怎么挖，洞都挖不深，后面观看的孩子们着急了，纷纷表示"我来"，大家交换铲子继

"萌萌小毛绒"就埋在墙边树下吧

续往下挖。好在保安叔叔及时帮忙,孩子们终于挖好了洞。孩子们轻轻地将玻璃瓶放入洞中,埋上泥土,小贝将自制的木牌用石头大力捶打插上。

燕子宝宝埋好了,孩子们双手合并,给燕子宝宝送上了自己的祝福。

小凡说:"祝小燕子早点飞到天堂,看到白白的云朵。"

小蒋:"小燕子等你到天堂以后,你就好好休息、睡觉吧!"

罗罗:"小燕子永远睡下去吧!"

教师:"你们都很爱小燕子,相信它在这里能安心休息。"

回到班级后,孩子们还说以后要去看小燕子,给它送花,送吃的。

此后,只要有时间,孩子们就会在自由活动或者离园时间,自发轮流来到后草地看望"萌萌小毛绒",摘一束小野花送给它,幼儿园的其他小朋友在此处玩耍时,知道这里埋着死去的燕子,也会送野花、树叶给它。

"小燕子我来看你了,你早点飞上天堂,要开开心心心,不要想妈妈。"宸宸说着,小歆表示"我好想流眼泪"。

我们经常来看望"萌萌小毛绒"

[评析:如何埋葬死去的小燕子,引发了幼儿激烈的讨论冲突,双方各持己见,教师组织幼儿为自己小组的观点辩论,促使幼儿的思考层次逐步提升。幼儿不愿意直接埋葬燕子,透露出对小燕子深深的爱和不舍,最后大家遵循少数服从多数原则以及保护幼儿爱燕子的心,找到了解决冲突的办法。

小小的一个选址埋葬小燕子的环节,蕴含了如此多的教育价值,整个活动不但引起了本班幼儿的关注,更牵动着幼儿园其他老师、工作人员和小朋友们共同的爱。幼儿关注死去的燕子,谈论死亡的话题,直面生命的逝去,学会用自己的方式纪念、缅怀小燕子。在教师一步步循循善诱下,

幼儿用自己的方式表达对小燕子的爱,生动诠释了生命教育的意义。]

六、反思与感悟

"燕子"的主题活动长达近一学期,幼儿一直保持浓厚的兴趣。这是园本关爱课程背景下的一次科学探究活动,教师如何在严谨的科学探究活动中践行关爱课程理念、支持幼儿自主探究呢?

1. 教师心中有目标,以关爱课程目标为指引推进活动进程。

一个生动而有意义的主题探究活动,不是盲目跟随幼儿的兴趣,教师应该做到心中有目标,方能有的放矢,采取有效的策略支持幼儿深度学习。在"燕子"主题活动中,教师在园本关爱课程"爱自己、爱他人、追求生活真与美"总目标引领下,将园本关爱课程目标分级细化,提炼出指导活动进行的四级子目标,有意识侧重围绕"自尊自信自主""亲社会行为""亲近自然与社会""探究与解决问题"几个维度预设"燕子"主题活动预期达到的目标,并在活动中关注幼儿发展,达到各领域目标的平衡。

"燕子"主题活动符合中班幼儿年龄特点,也是幼儿身边最亲近、真实的事件,由于教师心中有目标,所以幼儿引发的问题和猜想,教师都有意识围绕着目标,引导幼儿深入探究;幼儿发出求助时,因为教师很明确孩子应该获得哪方面的经验,马上结合生活经验给出了适宜的建议,让孩子学会了向身边最亲近的人以书信的方式求助,达到了预期的目标,帮助幼儿又一次提升了生活经验;从防止小燕子掉落和小燕子死亡的事件中,教师非常清楚生命教育对幼儿一生的重要意义,一步步引导幼儿懂得尊重生命、爱护生命,实现了关爱课程倡导的"关爱生命、根植生活、快乐成长"的理念。

2. 处处渗透"关爱"理念,尊重支持幼儿,帮助幼儿获得发展。

教师充分尊重幼儿的想法,关注幼儿需求,尊重幼儿自主探索的权利,相信幼儿有自己发现、解决问题的能力,给予最大化的支持。从发现燕子归来到关注燕窝和小燕子的成长、辨别燕子公母、保护小燕子、埋葬死去的小燕子,整个活动都是由幼儿自己引发、收集资料和记录、自主策划行动、主动探索的，教师所做的就是关注不同阶段幼儿对燕子关注点的变化、新问题的产生、如何给予最大化支持、如何提炼有益经验帮助幼儿获得发展。教师不过多干涉，不急于以单向告知的方式让幼儿获得答案，而是尊重生物生长周期，给予幼儿相当长的时间充分探索，提供多种渠道支持幼儿。

由于燕窝在较高位置，不便于幼儿直接感知、动手操作，而"做中学"又是探究的核心。针对这个难点，教师帮助幼儿建立多渠道探究途径，如向保安叔叔求助拍摄燕窝视频与图片；家长、幼儿、老师共同查找相关视频、书籍等资料；请生物老师、观鸟协会老师答疑解惑等间接经验的途径引导幼儿真实、自然地主动探索，给幼儿最大支持，妥善处理了直接经验和间接经验的关系，让幼儿在真正开放的环境中，与环境对话，让幼儿能够时时与燕子产生联系，探究自己想了解的问题。

在主题探究的过程中，教师有意识地关注幼儿发展，提升要求，引导幼儿将探索发现以图文并茂的方式及时记录，幼儿逐步养成了以图像表征的方式记录、表达的习惯，通过猜想验证、记录分析、合作交流等方式，幼儿自主了解、认识了燕子的主要特征及地理、气候等，感知事物之间相互联系的特性。教师赋予幼儿多种思维模式，增强批判的思维意识，培养幼儿解决问题的能力。燕子的主题活动始于科学探究，但幼儿在观察、认识、埋葬小燕子的过程中感受情感、直面死亡、懂得关爱。相信当第二窝燕子诞生时，幼儿能更好地传承关爱生命的理念，呵护小燕子成长。

大　班

主题教育活动

我们搬家啦

一、主题由来

我园旧园舍即将拆除重建,我们要搬迁到附近的过渡新园区。搬迁是幼儿在园生活的一件重大事件,我们把这一事件纳入幼儿的学习范畴,让幼儿参与到搬迁工作中来。什么时候搬迁?要搬哪些东西?谁来搬?怎么搬?一系列搬家问题引发了幼儿的兴趣与思考。为此,我们围绕幼小衔接工作重点,以搬家为契机,开展了"我们搬家啦"主题活动,进一步关注幼儿在任务意识、时间观念、计划性等方面的养成教育,让幼儿在亲历搬家的过程中获得有益的生活经验,培养良好的学习品质。

二、活动目标

(一)总目标

1. 乐意与同伴围绕搬家问题展开讨论,大胆表达自己的想法。
2. 尝试制订和调整搬家计划,学会合理安排时间,能分工合作、互帮互助完成任务。
3. 学习运用多种方法整理、打包和搬运物品,能与同伴交流、分享相关经验,体验自主劳动和解决问题的快乐。
4. 喜欢新园区生活,积极参与新班级环境的规划与创设,制定生活公约和游戏规则。
5. 了解家乡乔迁习俗,能用自己喜欢的方式表达搬家的喜悦之情。

（二）子目标

活动一　准备搬新家

1. 喜欢新园区、新班级，对新环境中的生活和学习充满期待。

2. 能大胆设想新班级环境的空间规划，尝试运用观察、测量、比较等方法规划游戏活动区。

3. 了解搬迁时间和需要搬走的物品，学习用图文表征的方式制订搬家计划，并根据实施情况调整计划。

活动二　搬家忙又忙

1. 能运用分类、记录和统计等方式清点搬迁物品，并选择适宜的工具、材料和方法进行整理、打包和搬运。

2. 能向成人请教、与同伴共同想办法解决遇到的问题与困难，分工协作完成搬家任务。

3. 乐意与同伴交流整理、搬迁等方法与经验，分享劳动的快乐。

4. 能关注小班弟弟妹妹搬家过程中的困难和需要，给予力所能及的帮助。

活动三　我爱我的新家

1. 能根据所设计的图纸内容，运用多种材料创设和装饰班级新环境。

2. 能与同伴共同商讨、制定新班级生活公约与游戏规则，并用图画、符号、等方式进行表征和展示。

3. 了解家乡的乔迁习俗，积极参与搬家庆祝活动，能用自己喜欢的方式表达喜悦之情。

4. 能用连贯、清晰的语言介绍新环境和搬迁活动，对新园、新班级有归属感。

三、网络图

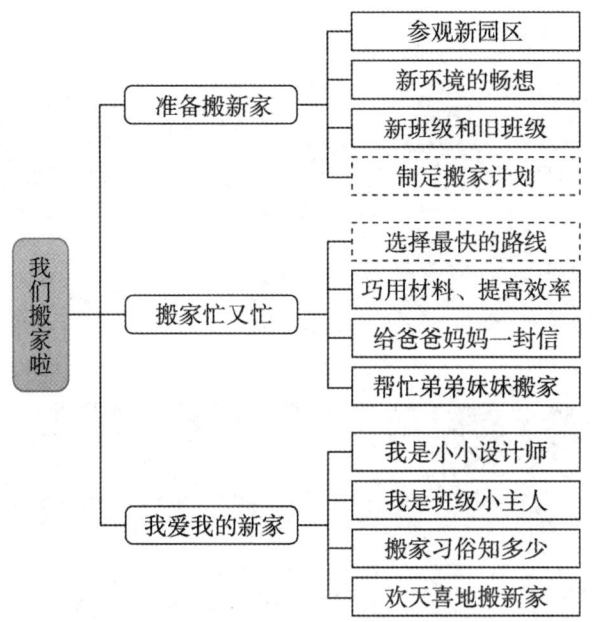

备注：实线部分为教师预设的活动，虚线部分为幼儿生成的活动

四、环境与资源

伴随幼儿园搬迁日程的推进，主题墙等班级环境中展示了幼儿不断调整和优化的新班级环境设计图、思维导图式的搬家计划、参观了解新班级的照片，以及班标设计评选、班级布局图等，充分体现了幼儿参与搬家行动的自主性和积极性。活动区角设置的物品打包区，有益于培养幼儿动手操作能力和自我服务意识，活动室布局建构区则为幼儿将平面设计图转化为实景布局提供了支持，幼儿正一步一步地实现"我的班级我做主"。

（三）环境创设

1. 主题墙。

2. 活动区角。

物品打包区　　　　　　　活动室布局建构区

3. 其他。

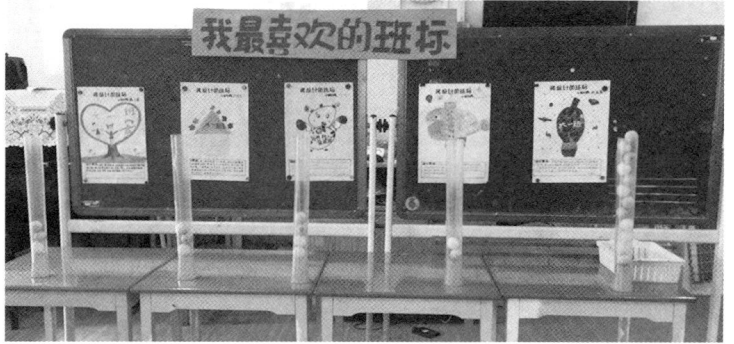

班标设计评选

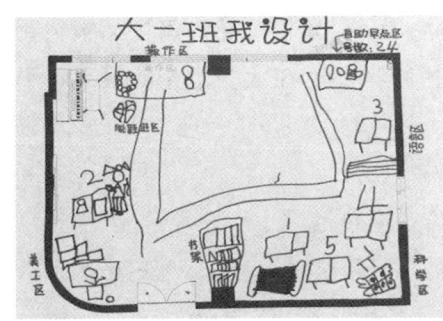 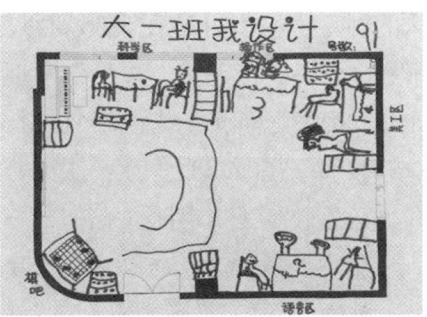

班级平面图展示

（二）资源利用

1. 家园共同收集搬家所需的打包材料、工具等。
2. 教师分别指导、组织各组幼儿整理班级各区角。
3. 请实习生和幼儿共同分类、打包。
4. 与家长协商来园搬家的时间安排。
5. 邀请电视台来拍摄搬家仪式。
6. 利用散步、晨间、游戏时间熟悉新园区周边环境。
7. 请幼儿向家长介绍新园区的环境、新作息时间。
8. 请家长共同收集公共游戏区材料。

五、典型案例

案例一

制定搬家计划

周三上午，孩子们参观新园、新教室后，兴奋地交谈起来："新教室好大呀，可里面空空的。""对呀，我们吃饭的桌子、椅子和游戏材料在哪里呢？""我们是不是要把班上的东西搬到新教室去？"带着各种问题，孩子们开始在班级四处逛逛，有的到寝室，有的到小房间，有的到游戏屋，他们边观察、边交流需要带走哪些物品。经过讨论，大家一致决定要将个

人的物品、桌椅、床铺、游戏材料、生活用品、墙饰、挂饰等物品搬到新园去。一番清点下来，孩子们发现要搬的物品实在太多，无从下手。于是，教师抛出问题，引发孩子讨论。

教师："这么多的东西一次搬得完吗？"

蓝蓝："我们小朋友一起搬，一次肯定能搬完。"

文文："一次怎么能搬完呢？我记得小班搬家时，老师用了好多天。"

教师："嗯，人多力量大，大家一起多搬几次可以搬得完，你们想用几天搬完呢？"

孩子们又议论开了，有的说今天，有的说明天，还有的说后天，最后大家决定在周五前完成搬家的任务。

小彬："离周五还剩几天呀？星期三、星期四、星期五，剩3天。"

教师："如果我们把一天分成上午、下午两个搬家时段的话，还剩下几次的搬家机会？"小榕小朋友算出了5次。教师同时把时间段分上下午写在黑板上，与小朋友一起进行点数、核对，确定搬家时间段是5次。

教师："这么多的东西，我们要先搬什么呀？"

洋洋："玩具、区域材料、桌子、椅子。"

天天："不行，把这些东西搬走了，那我们这几天玩什么呀？在哪里吃饭？"

文文："那就把我们不玩、不用的东西先搬过去。"

教师："嗯！不重要的东西可以先搬，而且搬家前要先整理，一次搬不完可以多搬几次。"

亮亮："事情好多呀，到底要先搬什么？记不住怎么办？"

教师："你们之前做过《我是时间小主人》的记录表，像那样的表格就能帮助我们更好地完成任务。"

小萱："对！我们可以做一个搬家记录表。"

教师："将计划要做的事情记在表格上，做一张计划表，这真是好办法。"

教师引导孩子列出要搬走物品的种类及数量，并记录在黑板上。经过讨论后，孩子对物品按个人、生活用品、区域材料、挂饰、墙饰、其他等进行分类。

孩子们开始安排每个时间段要做的事情。在绘制搬家时间表时，孩子们用"刚升起的太阳"的绘图表示上午，用"太阳在云朵上方"的绘图来表示下午，并请教师帮助用文字、符号、图画等方式绘制出一张搬家时间表。一目了然的表格让孩子们更加明确搬家时间安排和计划要做的事。

在黑板上记录搬家物品如何分类

搬家开始了，有的孩子主动请老师帮忙将挂在高处的东西取下，有的孩子将零散东西装在托盘和篮子里，有的孩子将语言区里的靠枕、服装搬出区角，有的孩子把美术区一筐筐的材料全搬到了教室空区，一会儿，地板

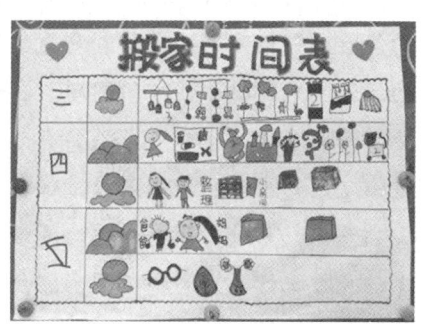

绘制搬家时间表

上堆满了要搬的东西。在老师们的组织下，孩子们搬起一件一件物品，有序出发了，开始搬家了！

搬运路上出现了许多小问题，比如玩具掉出托盘、抱不住较长的纸棍、物品散落在地、抬不动了，一路上大家走走停停，用了很长的时间才把东西搬到了新教室。回到旧教室，孩子们发现地上还剩下许多东西没有搬走，可是离园的时间快到了，无法继续搬运。离园之前教师又一次组织孩子讨论：

教师："今天为什么搬不完？搬运中你们遇到什么困难？"

果果："东西太多了、时间太短了。"

小爱："因为路上掉东西，浪费了时间。"

芒芒："第一次的搬家活动没能按计划完成，剩下的东西该怎么办呢？"

芃芃："那就明天再搬，可是，计划表上不是这么安排的。"

文文："重新再画一张不就行了。"

于是，教师引导孩子调整计划表，并请孩子们回家请教爸爸妈妈为什么有的东西容易散落？有什么好办法解决？

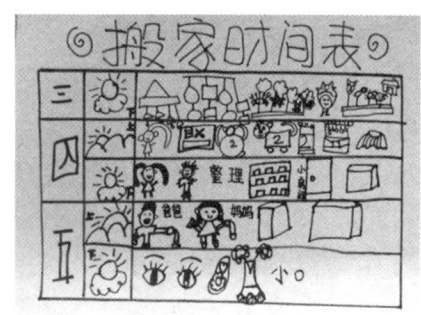

调整后的搬家计划表

[评析：搬家活动中，幼儿能够迁移"我是时间小主人"中做记录表的经验，积极主动地合作制定简单的搬家时间表，表明幼儿能够利用已有的经验，来解决生活中的问题。在制定搬家时间表的过程中，教师有意识地引导幼儿思考，形成做事要有条理性、计划性的习惯，才能在完成目标过程中达到事半功倍的效果。但在交流过程中，教师发现幼儿缺乏主动分类的意识，则进行了有意识的提醒。老师通过在黑板上记录时间段，让孩子们点数统计，更清晰地明确剩余的搬家次数为 5 次，然而因孩子们不懂依据所要搬运的物品总量，进行合理的时间分配，导致第一天下午的计划没有完成，接下来小朋友们在教师引导下分析计划落空的原因，回顾自己搬运过程中的问题，调整搬家计划，为下一次的搬家活动做准备。此外，教师引导幼儿回家请教家长搬家的经验与技巧，发挥个别指导优势做到家园优势互补。]

案例二

选择最快的路线

第一次搬家时行走的路线是：从旧园的正大门出发，走过街道，从新园的正大门进入，返回时，教师带领孩子们从两园的侧门进出，孩子们惊讶发现"怎么这么快就回来了"，教师敏锐把握此事件的教育契机，引导孩子们展开讨论。

贝贝："从侧门走回来真快呀，一下子就到班上了。"

教师:"小朋友是不是都觉得走侧门快?搬东西时走侧门会不会更节省时间?"

小江:"我觉得差不多,去的时候我们手里拿着东西,回来没拿东西当然觉得快啦。"

萱萱:"回来的那条路更快,只要过一个小马路就到了。"

小毅:"要不我们比一下。"

朵朵:"要怎么比呀?"

教师:"体育活动进行跑步比赛时,是怎么比较快慢的呢?"

小毅:"用计时器吧。"

教师:"那我们就像跑步比赛那样,选好起点和终点,然后用计时器来比一比到底哪条路更近,用的时间少吧。"

孩子们迁移已有的比赛经验,自发开始组队,共同商量和设计比赛路线、比赛方式、比赛规则等,做好比赛前的一切准备。

第二天,比赛双方"红旗队"和"红花队"在家长助教裁判的发令下,正式开始了"最省时的搬家路线"比赛。

红旗队路线为1号路线,具体是:班级出发——出旧园正门——走过小道——穿过铁门——走过一段街道——到达新班级。

红花队的路线为2号路线,具体是:班级出发——出旧园的侧门——穿过小巷——到达新班级。

红旗队1号路线

红花队2号路线

两队组员在裁判的监督下,分别用计时器记录时间,并各自报告了花费的时间。红旗队用时 15 分钟,红花队用时 8 分钟。通过数字的对比,孩子们都认为 2 号路线省时又省力。后续几次的搬家行动,孩子们都选择走 2 号路线。

[评析:本次活动是由孩子们在感受了两条不同的路线后,提出"走小门更近"的观点基础上,利用计时器这一标准时间工具,进行"分小组比一比"验证观点的活动。这一活动有利于幼儿感知数与时间的对应关系,迁移班级日常使用计时器与沙漏的计时方法,懂得可以借助计时工具来解决实际问题。]

案例三

巧用方法提高效率

根据搬家时间表计划,孩子们开始整理、打包个人物品,整理方法各有不同,有的拿出袋子直接装袋,有的先将物品从盘子、箱子里全部倒出再装袋,有的先将物品归类整理好再装袋,有的直接把托盘搬走。于是教师引导讨论:

给箱子做标记

教师:"哪种整理、打包的方法最省时、最方便?"

朵朵:"用托盘搬东西容易掉,肯定很慢。"

小毅:"把东西全都倒进袋子里不是更方便吗?"

孩子们各自表达自己的想法,最后决定派两名代表分别用两种方法进行装袋演示。琪琪先把物品归类,整齐地摆放在托盘里,然后将整个托盘平移装入袋中;小毅将托盘里的东西全部倒出,然后一个个再装进袋子里。物品搬到新教室后,琪琪把装满东西的托盘轻轻从袋子里取出,直接摆入小柜子里,小毅则把袋子里的东西又都倒在地板上,再一件件整理到托盘里。通过观察比较，孩子都觉得琪琪的方法好，好在：①在托盘里先把物品整理好，再连着盘子一起装入袋子，速度快，搬运中还不会掉落。②到新教室后物品可以连着盘子一起取出，直接摆进柜子，不用再整理了，节省许多时间。

接下来孩子们又开始整理、打包工作柜的操作材料和小房间内的物品。

收拾物品比赛

教师："这里有各种纸箱、密封袋、玻璃绳，你们可以按照不同的区域开始装箱打包。"

朵朵："我妈妈说整理前可以先拍照，然后看着照片找东西，速度更快。"

悦悦："有的托盘里的玩具特别小，很容易丢，丢了就不能玩了。"

孩子们担心物品丢失问题，在细节处他们想办法进行处理。悦悦发现直接将整盒材料放入纸箱中会散开，于是，她拿着小剪刀剪下一截玻璃绳，将盒子紧扎起来。萱萱将一捆捆的编织绳串在一起搬运。贝贝和小瑜发现密封袋没有了，托盘里还有很多零碎的材料，她们商量后便先将两个托盘对扣变成盒子，将零碎的材料装入其中，又用绳子将对扣的托盘绕了

用不同的方法打包

几圈，绑起来。教师肯定了贝贝和小瑜的好方法，其他孩子也模仿使用他们的办法。

装箱打包后，孩子们惊喜地发现，所有的材料只用了9个箱子，大大减少了搬运物品的件数。孩子们又提出"我们会不记得每个箱子装的是什么"，商量决定用拍照、在箱子上标注记号等方式帮助记忆。

孩子们按照搬家时间表计划，周五上午邀请了5名家长来帮忙。教师提出："我们来抬一抬，看看哪些你们可以搬得动，哪些搬不动吧。"孩子们分组感受了纸箱的重量，将9个纸箱的重量分成3个等级，并进行了分工：特别重的请家长帮忙搬，比较重的和好朋友一起抬，较轻的箱子请班上的大力士搬。在大家的共同努力下，9个纸箱的搬运任务顺利完成。

感受箱子的重量　　　　　　搬家途中

[评析：教师在活动过程中观察发现，班级的孩子们知道搬家前要先进行整理物品、分类打包，并且懂得把零散的东西集中在篮子、袋子，利用绳子、胶带捆扎进行固定，可谓是经验丰富，也发现幼儿在活动过程中，不能利用已有的按物品的用途、特征分类的知识，进行整理。为了丰富、巩固幼儿的相关经验，教师通过讨论、小组分享、经验传递等方式，提升整理的技能。在整理过程中，孩子们能主动使用辅助材料如密封袋、玻璃绳等为不同的材料匹配合适的打包容器、封口，还能主动想到用拍照、做标记等方式进行记忆物品，教师引导幼儿相互学习，提高了整理效率。在搬运过程中，孩子在教师引导下，学会了将打包好的小件物品分类

后装入更大的容器里，从而能减少搬运的次数，避免物品丢失或遗漏的问题。整理打包后，教师组织幼儿进行一个专门的讨论分享会，鼓励个别孩子分享自己的经验技巧，运用集体学习的方式丰富孩子整理打包的经验。]

六、反思与感悟

《幼儿园教育指导纲要（试行）》中指出，幼儿活动的内容要符合孩子的基本生活经验和兴趣热点。快乐搬家这一主题活动关注幼儿的生活，从幼儿生活中选取贴近幼儿生活的真实事件，引发幼儿主动积极参与，在过程中给予幼儿机会探索解决问题，体会幼儿园生活的趣味。教师在这一活动过程中，通过搬家事情引导幼儿关注周围生活、热情参与、享受过程，用积极的态度在生活中动手动脑解决和自己密切相关的问题，抓住多次教育契机，及时切入、退位，不断丰富幼儿"时间观念""计划性""效果与方法关系"等相关经验，为形成良好的学习习惯奠定基础。

在搬家主题活动进行中，教师关注个体差异，多渠道多种方式调动全体幼儿参与搬家活动的兴趣，例如：通过肯定和表扬小组成果、班级内部分享经验等形式，促进同伴互助合作、模仿学习。而邀请家长、弟弟、妹妹欣赏打包整理成果，则提升了幼儿的自信心与成就感；活动中教师还通过小组搭配、任务驱动，根据儿童的个体差异，让不同层次的儿童都能够参与到搬家活动中。

该主题活动重视家园合作，深入挖掘家长教育资源,使家长也成为幼儿园课程的参与者和实施者。例如：有的家长主动在家指导帮助幼儿获得相关的搬家经验，既有利于良好亲子关系的建立，又可让家长看到幼儿的能力，及时收起包办代替的手。

新园的树

一、主题由来

新园盖好了，我们就要搬进新园啦！幼儿怀着激动的心情来到新园参观。一进门幼儿就叫起来："哇！这棵树好高好大呀，它是幼儿园里最高的树吗？我好想知道它叫什么。""快看，这棵树结了好多果子，可它为什么要打吊瓶呢，是生病了吗？""这一排的树长得好像呀，叶子的样子很特别，它们的名字一样吗？""新园里有各种各样的树，但是我们都不知道它们叫什么名字。"结合幼儿的兴趣点和好奇心，聚焦幼儿的问题和需求，围绕热点话题"有什么好办法可以让大家都知道这些树的名字？"我们和幼儿一起开展了"新园的树"主题活动。

二、活动目标

（一）总目标

1. 喜欢亲近新园的树木，知道其主要特征、作用等，懂得爱护树木。

2. 能参与找寻和探究新园树木的活动，有所发现或找到解决问题的办法时感到兴奋和满足。

3. 尝试借助网络、书籍、咨询等方法，获得树木的相关信息，并验证探究中的猜测与想法。

4. 能用图文并茂的记录方式，梳理和呈现自己探究的过程与结果，并乐意与同伴交流、分享。

5. 尝试制作树标，体验与爸爸妈妈共同发现问题、解决问题的快乐。

（二）子目标

活动一　它叫什么名字？

1. 学习用查找资料、网络搜索、咨询他人等方式，了解新园树木的名称、种类、外形特征、生存环境等。

2. 愿意与同伴分享找寻新园各种树木获得的经验，交流遇到的问题和解决的办法。

3. 能数字、图画、图表等表征形式，记录自己的寻找、发现和统计过程。

活动二　我想认识的树

1. 学习查阅资料的方法，并收集、呈现相关资料。

2. 大胆咨询园林工作人员，对自己感兴趣的问题能刨根问底。

3. 萌发对园林工作人员的热爱与崇敬之情。

活动三　给树木做标志

1. 了解二维码给认识新园树木带来的便利，感知科技产品与人们生活的关系。

2. 主动与爸爸妈妈共同设计和制作树标，体验亲子活动的乐趣。

3. 乐意向同伴介绍、分享自己制作的树标。

三、网络图

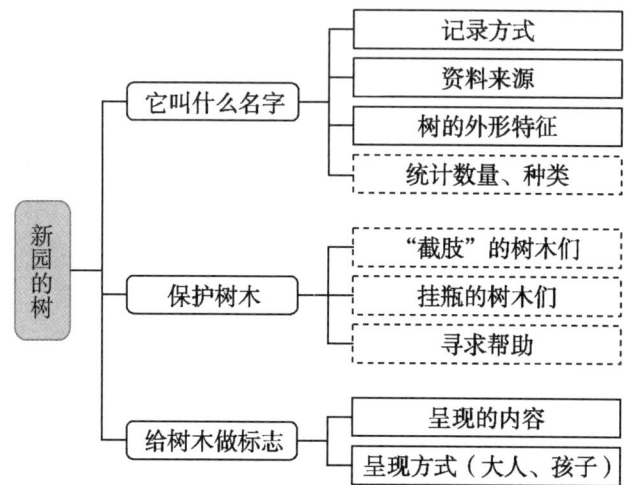

备注：实线部分为教师预设的活动，虚线部分为幼儿生成的活动

四、环境与资源

"它叫什么名字""我们遇到的问题""园林专家来帮忙""树标这样做"……伴随主题活动的推进，主题环境呈现了幼儿以图文表征的方式，记录下对新园里的树诸多好奇、发现、探索的过程。丰富而动态的主题环境，引发了幼儿持续探究的欲望及与同伴交流分享的兴趣，幼儿在亲近树——认识树——爱护树的过程中不断建构对新园的树的经验与情感。

（一）环境创设

创设主题墙。

我们的求助信

园林专家来园答疑解惑

认识树的好方法

投票选举最美树标　　　　　制作树标

（二）资源利用

家园共同协助查找、收集资料，制作树标。

五、典型案例

案例一

它叫什么名字？

1. 新园的树真多。

搬家前孩子们到新园参观，发现新园里有各种各样的树，有的带着吊瓶，有的被砍掉了一半，还有的只剩下光秃秃的树枝……与过渡园里见到的树不一样。

观察新园里的树　　　　　　　　找一棵自己想认识的树

歆:"我想认识挂吊瓶的那棵树。"

扬:"我看见了叶子长得很特别的树,我想认识它。"

宣:"我想认识全园最高的树。"

阳:"我看到有棵树被砍掉了一半,只留下了几片叶子,我特别想认识它。"

2. 初次探索。

回到班级后,孩子们继续热烈讨论着树的话题。教师提出问题:"我们可以用什么办法知道这些树的名字呢?"

阳:"可以用电脑百度查。"

宸:"我看见爸爸查东西的时候都要输入字,我不知道树名怎么输入呢?"

颜:"对呀,连树长什么样我们都记不清,怎么查呢?"

颖:"可以画下来呀。"

涛:"问种树的人。"

颜:"用相机拍下来。"

把树的样子画下来

问问种树的阿姨

给树拍张照

3. 遇到的问题。

孩子们在爸爸妈妈的帮助下,以图文并茂的方式,记录下自己寻找树名的方法和发现,并和同伴交流分享了探寻的经验以及遇到的问题。

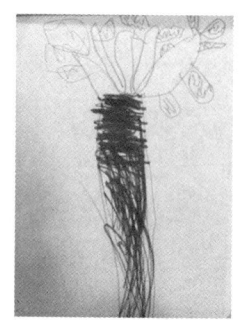 

我们笔下的树　　　　　我们镜头下的树

"我把拍的照片带回家，和爸爸一起在查找的时候发现拍的照片太小了，查不到是哪一种树。"

"妈妈说我画得不够像，看不出来是什么树，所以查不到资料。"

"我问了种树的阿姨，她告诉我那棵树叫枫树。但是，其他小朋友也过来问其他树名时，发现阿姨只认识这一棵树。"

 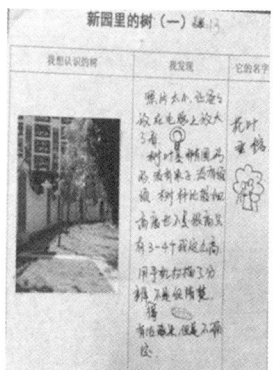

说说自己的发现

根据孩子们的讨论，教师又提出了问题："现在大家觉得哪种方法查找树名最好？还有没有其他的办法呢？"

"拍照的方法可以把树的样子真正记录下来，但是要拍得清楚。"

癹癹则提出，他想认识的那棵树的叶子和家门口的白玉兰树很像，可以捡一片叶子带回家比一比。

4. 再次探索。

孩子们再一次来到了新园，大家对弢弢想认识的树非常好奇，于是，纷纷来到了树下。

"哇，这棵树好高呀！"

"我们一起爬到小山上，看看能不能摘到叶子。"

"还是够不着，我们请老师来帮忙吧！"

老师爬上小山也够不着叶子："我也摘不到，怎么办啊？还有什么办法可以辨别这棵是不是白玉兰树？"

"白玉兰树会发出香味，我们可以闻一闻。"

几个孩子站在山坡上："没有闻到香味啊！"

"快看树下有掉下来的叶子。"

这时，有人提议，可以把这棵树掉下来的叶子带回家比一比，就知道是不是白玉兰树了。

这一次，孩子们用各种方法找到了自己感兴趣的树的名称，可是大家都不知道找的答案对不对，新园里还有其他的树都叫什么名字？

摘树叶回去对比、寻找

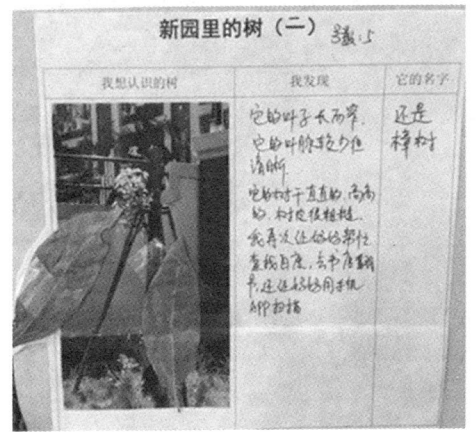
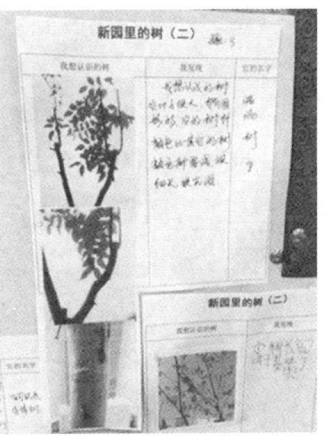

"寻找树名"记录表

〔评析：在这一环节，教师围绕幼儿感兴趣的话题，提出了问题，在孩子们讨论的过程中，倾听孩子们的想法，鼓励孩子们按照自己的思考，再一次到新园记录、查找，以解决心中的困惑。教师为幼儿准备了画板、纸笔、照相机等工具，引导孩子记录树的样子，从而以寻找树名为由，逐渐引发幼儿探索。

幼儿开始对周围的树木产生了兴趣，知道通过寻找实物比对的方式，用闻一闻、比一比等方法辨认物体的不同，掌握了一些观察的基本方法。虽然经过两次比对后发现结果依然不是自己预想的那样，但幼儿在这个过程中收获了与同伴合作探究的乐趣，尝试整理、概括自己探究的成果，学会用多种方式求证答案的科学探究的方法。〕

案例二

树名对不对？

1. 寻找种树的"科学家"。

我们找到的树名对不对呢？还有其他的树叫什么名字？孩子们觉得应该去找专门研究树的爸爸妈妈，大家都想到了雅若妈妈（生物老师），但是，雅若妈妈回复说她对植物没有研究。

这可怎么办啊？孩子们经过讨论，觉得园长老师肯定知道每个小朋友的爸爸妈妈是做什么工作的。于是，孩子们从园长老师那得知小二班黄家赫的爸爸在园林局工作，这位爸爸应该认识新园里所有的树。

咨询园长、老师

2. 给黄家赫爸爸回求助信。

孩子们鉴于之前写求助信的经验，开始分小组讨论，准备给黄家赫爸爸写一封求助信。

教师："我们的求助信里要写什么内容呢？"

瑄："要问问家赫爸爸什么时候能来？"

教师："是呀，我们需要约一个家赫爸爸有空的时间。"

阳："还要问问我们找到的树名对不对。"

歆："信里面要讲清楚我们想知道什么事情。"

羖："是关于很多树的问题。"

宸："我们还要有礼貌地邀请黄家赫爸爸来大二班。"

教师："可是黄家赫三个字怎么表示呢？"

豪："我姓黄会写黄字，但是其他的不知道怎么写。"

颜："用我们之前写信的办法，家可以画一个房子。"

写封信给"树博士"

孩子们迁移之前燕子主题活动中写信、寄信的经验，用图画、符号、文字等形式给黄家赫爸爸写了一封求助信。

我们的求助信

3. 验证树名。

终于黄家赫的爸爸来园啦！孩子们现场求证答案。原来羖羖想认识的树不是白玉兰，而是芒果树，它的叶子比白玉兰树小。阳阳想认识的树名字叫香樟树，他找的答案是对的！真开心呀！

黄家赫爸爸现场验证孩子们的答案，还教大家认识了米兰、树葡萄、莲雾等好多孩子们之前不认识的树。他告诉孩子们：树要挂瓶是因为树在运输中树根受伤了，所以要补充营养；有的树有支架是因为它们刚到新园，根还没长

我们请来的"树博士"

好，站得不够牢，需要架子帮助支撑，等树长牢固了就可以拆架子啦；有的树叶要剪掉是因为树根在运输中受伤了，如果叶子不剪掉就会抢夺营养；树干穿着黑衣服，是怕阳光照射让树的水分蒸发太快；鸡蛋花的花闻起来像鸡蛋的味道，因此起名鸡蛋花……

［评析：幼儿已有的学习经验为现在的活动奠定了基础，孩子们在活动中迁移了写信的经验，寻求专业人士的帮助，懂得了有的时候收集的信息、获得的经验不一定是对的，要向更专业的人士求证答案，了解科学活动的严谨性。

老师在这次的活动中充分支持孩子的想法、做法，帮助孩子们不断寻求更科学的方法验证猜想。孩子们充分亲近了大自然，对喜欢接触的新事物大胆提出自己的猜测和见解，体验科学活动的有趣与严谨。］

案例三

独特的树标

1. 讨论树标的内容。

确认了树名，可是怎么让全园的小朋友和来我们幼儿园的客人们都知道这些树的名字呢？个别孩子建议："公园里的树都有树标，我们也可以给树做树标！"这一想法获得了大家的一致认可，但是树标是什么样子的？孩子们纷纷提到自己看到过的树标。

"我知道，公园里的树标上有树的名字。"

"草地上有不要踩花草树木的牌子。"

为丰富孩子们的经验，老师上网查找了许多有关树标的照片，引导大家观察、讨论树标的内容，有对树的介绍，有提醒大家爱护树木的话语，还可以设计成各种形状的树标。

宸发现其中一个树标上有二维码，大家都很好奇这个二维码是干什么用的。在孩子们的要求下，老师用手机扫了扫二维码，手机中出现了介绍该树木的语音，还伴随着好听的背景音乐，有的孩子提议："我们也可以在树标上加个二维码，这个办法好。"

教师把幼儿的想法记录下来并举办"最美树标"征集大赛，邀请感兴趣的孩子和家长一同为福州市树榕树作树标。

和爸爸一起设计树标

2. 评选最美树标。

评选活动开始啦！孩子们通过投票的方式，选出了最美的三幅树标。为什么选择这三幅树标呢？孩子们的回答是这样的：

"这个树标是树叶形状。"

"这个树标上有一个大爱心，表示要爱护树木。"

有爱的"最美树标"

"这棵榕树画得非常好，而且旁边设计了一个大大的二维码，别人很容易看到。"

"这个树标二维码里的语音是用儿歌来介绍的，很特别。"

有的孩子还强调"最美树标要让大家都喜欢"，于是，大家邀请了中班的弟弟妹妹和老师一起来投票。

一起来投票

3. 调整改进树标。

老师提出问题:"虽然有好听的儿歌、二维码,但是小班的弟弟妹妹说还是看不懂,怎么办?"

"用写信的方法画出来。"

"在喜欢的那棵树下录制视频,生成二维码,这样弟弟妹妹可以边听边看。"

"可以变成一小幅一小幅讲给弟弟妹妹听。"

树标上要有什么

于是,孩子们将树标上要呈现的内容又一次记录在黑板上,还特别标注了需要注意的地方。在爸爸妈妈的帮助下,结合上一次制作树标的经验,再一次调整、改进树标。

拍摄视频　　　　　与爸爸妈妈再次设计

第二次树标设计稿

树标做好啦!

孩子们经过反复尝试、讨论与探索,在老师和爸爸妈妈的帮助下,终于把自己的想法变成了现实,在幼儿园大大小小的树上,挂上了属于自己最独特的树标。孩子们心里特别自豪,表示离园时会邀请爸爸妈妈、爷爷奶奶一起来看一看、听一听,一同认识和爱护幼儿园里的一草一木!

看一看,听一听,一起来认识我吧!

[评析:在制作树标的过程中,孩子们通过不断的尝试、讨论以及经验的迁移,最后制作出了孩子们认为最独特的树标。与此同时,通过一次又一次运用简单的文字符号,部分孩子已经能够非常熟练地使用图标代替文字,为前书写打下良好的基础。在这个活动里,孩子们了解二维码给我们生活带来的便利,初步感知常用科技产品与自己生活之间的关系;能够借鉴别人的经验,在别人的经验上进行了改进;在成人的引导下,尝试用图文并茂的方式观察、记录新园里树的外形特征,享受探索的乐趣。]

六、反思与感悟

"新园的树"主题活动中,教师追随幼儿的兴趣与想法,作为观察者与引导者,支持幼儿用喜欢的方式自主探究,引导幼儿大胆提出遇到的问题，并学会借助网络、书籍、求助他人等多途径的方式验证自己的想法，失败后想办法再尝试，不断反思问题、解决问题，是一个真实、自然的探索过程。

在"关爱"理念下教师给予幼儿充足的时间，积极促成幼儿与同伴、幼儿与家长、幼儿与周围的人的互动，从而不断完善幼儿对新园里树的知识经验的构建，在原有认识水平向更高水平发展，获得初步科学探究的能力。结合《指南》，教师有意识地引导幼儿亲近大自然直接感知树木，创设与生活密切相关的学习环境。随着活动推进，幼儿制作树标、拍摄介绍树的视频，也想让来到这里的人都像他们一样认识树木，爱护树木。教师借助资源，引发幼儿发现身边创新科技的实用性，满足幼儿好奇心与兴趣需要，激发幼儿不断思考，积极探索。

快乐小菜农

一、主题由来

春天到了，万物复苏，幼儿园的雨水花园生机盎然。幼儿在雨水花园郁郁葱葱的花草树木中兴致勃勃地玩耍、游戏，乐此不疲地探寻着各种植物、动物的秘密……春季是种植的好时节，为了激发幼儿对种植活动的兴趣，我们和幼儿一起在雨水花园开辟了一块菜地，生成了"快乐小菜农"主题探究活动。在种植各种蔬菜的过程中，幼儿成为菜园的小主人，亲历蔬菜生长变化的全过程，学习照料蔬菜的方法，探究和发现蔬菜的秘密，体验参与种植劳动的快乐，养成了亲近植物、爱护自然环境的生活态度。

二、活动目标

（一）总目标

1. 喜欢种植和照料蔬菜，体验劳动的快乐和收获的喜悦。
2. 了解蔬菜生长的基本规律和生存环境，能大胆联想、猜测并进行验证。
3. 尝试选择和使用适宜的工具材料，与同伴分工合作种植、照料和采摘蔬菜。
4. 学习用比较观察和连续观察的方法，感知蔬菜不同阶段的生长变化。
5. 能交流和讨论种植蔬菜过程中发现的问题，并尝试探索多种方法解决。

6. 能用多种表征形式记录种植过程、梳理相关经验，并乐意与同伴交流、分享。

(二) 子目标

活动一　我们想种……

1. 愿意参与种植活动，对自己动手种植蔬菜充满兴趣和期待。

2. 认识生活中常见的蔬菜，能通过调查、观察等方法了解春季适宜种植的蔬菜种类。

3. 能主动收集蔬菜种子，尝试与同伴一起做好翻整菜地等种植准备。

活动二　种菜啦！

1. 学习简单的种植方法，掌握基本的种植技能，体验种植活动的乐趣。

2. 认识常用的种植蔬菜工具，并选择适宜的工具尝试使用。

3. 能用拍照、绘画、符号记录种植过程，并与同伴交流、分享自己的发现与经验。

活动三　我来照顾你

1. 学习运用观察、比较、实验等方法，探究和发现蔬菜不同阶段的生长变化。

2. 能关注照料蔬菜过程中出现的问题，愿意与同伴共同探讨解决问题的方法并进行尝试。

3. 能根据不同种类蔬菜的生长需要，分工合作给予适宜的照料。

4. 能用图文并茂的方式丰富"小菜农日记"，积累种植和照料蔬菜的相关经验，并进行展示、交流和分享。

活动四　蔬菜丰收啦！

1. 感受蔬菜丰收带来的成功与喜悦，尝试用不同的工具和方式采摘蔬菜。

2. 品尝自己种植的各种蔬菜，对劳动成果感到满足和自豪。
3. 能迁移种植蔬菜的有益经验，尝试探究培育菜苗的多种方法。

三、网络图

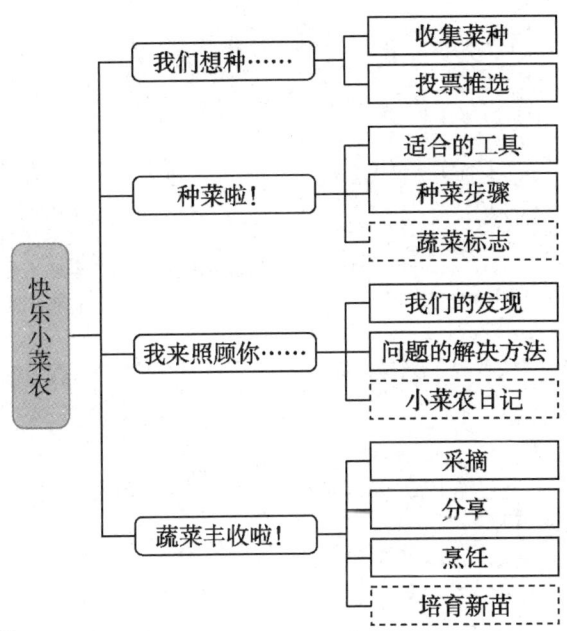

备注：实线部分为教师预设的活动，虚线部分为幼儿生成的活动

四、环境与资源

想种哪些蔬菜？怎么种？如何观察和照料菜苗？怎样引水浇灌菜园？菜苗长虫怎么办？……伴随一个个问题情境，主题墙上生动呈现了幼儿在种菜过程中不断发现问题、解决问题的过程。"我们的种植日记""小小育苗圃""小菜农画展"等活动区角，进一步支持幼儿通过观察记录、动手尝试、表达表现，不断丰富有关蔬菜种植、照料、收成经验，提升了幼儿

自主探究的能力，体验劳动的快乐。

(一) 环境创设

1. 主题墙。

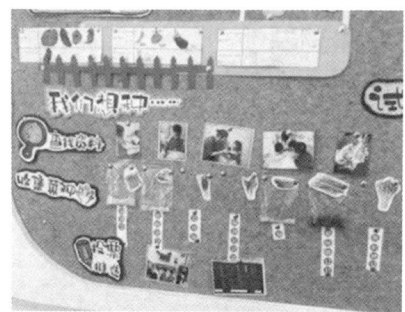
票选"我们想种的蔬菜"

合作书写的邀请信

种菜工具与种菜步骤

"我来照顾你"观察记录表

"发现的问题"及"解决的办法"

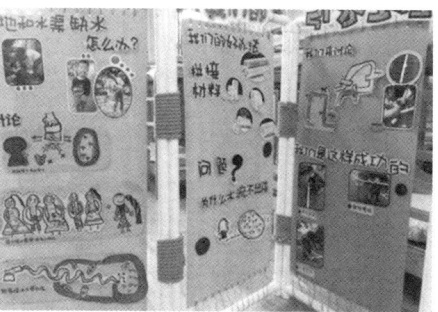
我们的引水工程计划

2. 活动区角。

种植区：我们的种植日记　　　　　　　　育苗圃

语言区：我是小辩手　　　　美工区：小菜农画展

（二）资源利用

邀请家长来园指导幼儿施肥、播种。

五、典型案例

案例一

我们想种……

春天到了,万物复苏,雨水花园中的各个角落都洋溢着春的气息。孩子们在花园里发现了许多花草、树木、虫子的秘密。看着一块一块"空置"的菜地,孩子们提出想法:"我们在菜地里种些蔬菜吧!""现在是谷雨节气,最适合种植什么?""我们可以种植什么呢?"孩子们带着问题,开始查阅资料,设计《春天的菜地》调查表。

《春天的菜地》调查表

综合调查结果和收集到的菜种,发现孩子们最喜欢的蔬菜有茄子、葱、空心菜等 10 种。想种植的蔬菜品种多,花园里的菜地少,怎么办?孩子们决定以投票的方式,选出多数人都爱吃的蔬菜进行种植。为了让自己喜欢的蔬菜能被选上,孩子们开始为自己挑选的蔬菜拉票。

想想:"我喜欢的蔬菜是四季豆,你看它的种子很可爱。"

峻峻:"我想种的是茄子,茄子是我最喜欢的蔬菜。"

甜甜:"我喜欢玉米,很好吃,种植它肯定会很不错。"

孩子们大胆阐述自己的观点,并参与"我喜欢的蔬菜"投票活动。最终孩子们选中六种蔬菜进行种植。种植前孩子们主动把菜地的石头、杂草清理干净,但如何种植?孩子们完全不知先做什么,后做什么,怎么办?孩子们主动想办法,设计一封图文并茂的邀请信,请"种植高手"舒尧小朋友的爷爷来帮忙。

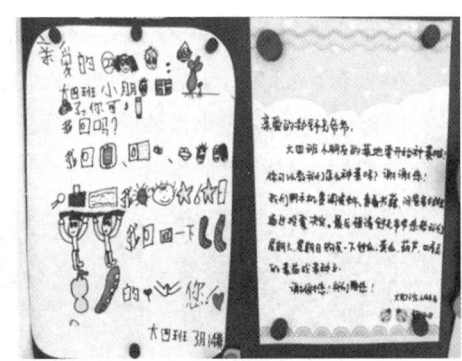

邀请信

孩子们在舒尧爷爷的指导下开始种植啦!孩子们挑选适宜的位置播撒种子。爷爷说:"现在虽然是春天,但是气温还是比较低,要给菜地盖上塑料膜,让种子更加舒服地生长。"孩子们争当能干的小菜农,有的盖塑料膜,有的编织爬藤架,有的浇水,在爷爷的帮助下忙碌起来。

在爷爷的指导下播撒种子

给菜地蒙上塑料膜

编织爬藤架

浇水

孩子们还给自己种植的蔬菜起名字，每日都会来到菜园子照顾，还设计了小菜农日记本，把自己的观察、发现、问题、解决方法都记录下来，并与同伴进行分享。小菜农日记记录菜苗的生长变化，也让孩子们获得许多有关植物生长的直接经验。

小菜农日记　　　　　　测量　　　　　　记录

案例二

做 标 记

菜种子纷纷从土地里冒出新芽，孩子们带着欣喜轻轻抚摸着菜苗，他们发现白菜芽小小的像爱心，四季豆的芽是椭圆形的……孩子们在欣喜的同时又发生了争执。

乐乐："这棵四季豆是我的！"

早早："不，是我把种子种在这个位置的。"

原来在种植时，孩子们没有在自己种植的位置留下记号，现在分辨不出哪颗是自己种植的。早早和乐乐的争吵，引来了孩子们的围观。叮当小朋友一边蹲下来了，一边手指着一棵四季豆，画了一个圈说："我的四季豆是这一棵，我种的时候，用石头将菜苗围住，你们看，是不是很棒？"

忘记做记号

石头围住圈

汐汐:"我是和你一起种的,我站在你的左边,那你菜苗左边的这棵就是我的啦!"

教师:"要记住自己的菜苗,又能知道其他人的菜苗,你们有什么好办法?"

乐乐:"我要给自己的菜苗做记号,不然菜苗长高了,长得不一样了,我又找不到了。"

乐乐、早早一同想办法。早早想用之前班上做记号的塑料牌做记号。大家都很赞同,可塑料牌颜色就4种,颜色会重复。

乐乐:"我写上乐乐的10号,你写上6号。"

两个好朋友终于找到了自己的菜苗,并给自己的菜苗插上标志。早早用手压了压自己菜苗的小叶片,对着乐乐的菜苗说:"小乐你好,我是你的邻居小爱。"乐乐也用手压了压自己菜苗的叶片说:"小爱你好,我们以后就可以一起玩耍啦!"两个小朋友有来有去地聊了起来。之后,两个邻居经常相约来到菜地。"小乐"会向"小爱"讲《拔苗助长》的成语故事,还一起玩蔬菜长高长大的游戏。

做记号

长高啦

案例三

我来照顾你

清晨,早早一大早就来到菜园子,照顾自己的小菜苗。小班孩子开始入园,几位大人带着宝贝来到菜园。早早看到小班孩子拿着水壶给菜苗浇水,心里又着急又生气。

早早:"老师,不好了,小班弟弟妹妹到我们的菜地玩,还拿着工具浇水!"

教师:"哦,小班的弟弟妹妹肯定也很喜欢我们的菜地。"

早早:"不行不行,不能让他们来玩,来浇水!"

教师:"你是担心小班孩子浇水,菜苗会不开心?"

早早:"可以来浇,但不能乱浇,菜地里水都溢出来了,这样菜苗会淹死的。我劝他不要浇了。"

教师:"我觉得你做得对,但是弟弟妹妹也不是故意的,肯定也是很喜欢我们的菜地。"

早早:"是啊,他们浇得很开心。"

教师:"嗯,你也欢迎他们来浇水,但是又怕他们浇多水,这该怎么办呢?"

集中活动时,教师将早早的问题和大家一起来分享,大家也纷纷出谋划策。

睿睿:"我们能不能立个菜牌,告诉大家怎么样浇水是对的。"

教师:"可以呀,你先画出来,我们一起制作爱心提示牌。"

乐乐:"早早,你想画什么呢?"

早早:"我画小白菜喜欢阳光、喜欢水,但是不能浇太多的水。"

两个孩子准备好绘画工具,一起合作绘制了爱心提示牌,并集体展示。孩子们纷纷猜测他们绘画表示的意思,有部分孩子表示看不懂,建议再改改,后续几天,设计制作"爱心提示牌"成为孩子们新的兴趣点。

菜牌设计

重新制作

新的菜牌

[评析：幼儿种植自己菜苗之后，已经建立了和菜苗之间的情感，有主人翁意识。在遇到问题的时候，幼儿能根据已有经验，与同伴共同解决问题。教师在过程中鼓励幼儿主动解决问题，支持幼儿的想法，协助将想法进行实施。]

案例四

蜗牛是害虫还是益虫？

孩子们发现菜地里有越来越多的蜗牛，他们把蜗牛放在小木桥上，为蜗牛取了有趣的名字"小蜗""小爱"。他们在与蜗牛做游戏的同时，也提出自己的疑问：蜗牛会伤害小菜苗吗？它是益虫还是害虫？大家各抒己见。

菜地里有蜗牛

有趣的蜗牛

妞妞："故事里的蜗牛都很可爱，它怎么会是害虫？"
涛涛："蜗牛在手上时，黏黏的，让我不舒服。"
舒尧："爷爷说，蜗牛的液体是有毒的，会让我们的手烂掉！"
童童："蜗牛所在的菜叶都枯萎了。"
教师："蜗牛是益虫还是害虫，我们组织一场辩论赛吧！"

孩子们商议决定，蜗牛是益虫为正方，蜗牛是害虫为反方。孩子们设立了裁判和记分员。辩论赛开始之前，孩子们根据自己的观点分组，小组内讨论各自的论据，将论据记在黄色的卡片上。辩论过程中，孩子们分别发表自己的看法，最后，孩子们通过小博士乐乐的辩论中得知"蜗牛是分种类的，有的蜗牛有毒，有的蜗牛可以吃，我们菜地的蜗牛会吸蔬菜汁，菜叶有很多蜗牛留下的痕迹"。

我们的辩论赛

"我是小辩手"活动拓展到区域中，孩子们每天都能找到不一样的论据进行补充。

辩论区"我是小辩手"

可是，该怎么样安置菜地里的蜗牛呢？孩子们决定为蜗牛搬家。孩子在菜地的杨梅树下为蜗牛造新家，还设计梯子，让蜗牛进出。孩子们不停地将新发现的蜗牛捉放到新家里，还从家里带烂菜叶给蜗牛当食物。蜗牛成为孩子们的好小伙伴。童童是个比较胆小的小朋友，不敢捉蜗牛，但在同伴的带动下，慢慢喜欢上蜗牛，她每天最开心的事情就是和自己的蜗牛聊天。孩子们还把"我与蜗牛"的故事记录在自己的小菜农日记里。

给蜗牛做的新家　　　　　　　它们会喜欢住在杨梅树下吧

[评析：幼儿在"蜗牛是不是害虫"的问题上产生了分歧。与小、中班幼儿的表现相比，大班幼儿能够在与别人意见相悖时，结合询问到的、自己的直接经验坚持自己的想法。在教师提供辩论赛的形式中，幼儿学会倾听，表达自己的观点，以合适的方式更有效地解决问题。在知道蜗牛是害虫的前提下，幼儿以爱的方式，尊重生命，建小蜗牛的家来解决蜗牛伤害蔬菜的问题，同时用家中的烂菜叶为蜗牛提供食物。

教师在活动中，引导幼儿查阅资料，自由阐述自身的想法，从而让幼儿逐步消除畏惧，自主建设安全心理环境，一步步地拉近与菜园中蔬菜、虫子之间的情感。]

案例五

除菜虫行动

随着雨季的到来，菜地里的菜苗长大了。孩子们发现小白菜的菜叶上有好多的洞，个别孩子提出是小菜虫在"攻击"小白菜，其他孩子也开始寻找，早早说："为什么我没有看到？"他找来放大镜在菜叶上认真寻找，原来菜叶上的菜虫是绿色的，像变色龙一样会把自己隐藏起来。他们把发现记录在日记里。

找"隐形"的菜虫

2019年3月29日　天气晴　星期五　小朋友：郑诗悦

你说我记：我们的菜被虫子吃掉了，我要把你们都赶走！小菜苗你们快快长大哦！

2019年4月24日　天气晴　星期四　小朋友：郑舒尧

你说我记：我们在给菜地浇水的时候，发现有很多的小虫子，我们好看的蔬菜都被虫子咬了很多小洞洞，我们还发现了蚯蚓和小虫子，我们来消灭虫子吧！

孩子们自发组建了找虫子小分队，晨间入园时纷纷拿起放大镜，在菜地里搜寻菜虫，可是用什么工具捉菜虫呢？怎么消灭虫？孩子们遇到了难题。

孩子们在区域活动时用牙签、筷子等工具模拟夹菜虫，最后认定夹拼豆的镊子最合适。

下雨后的早上，菜叶上出现许多菜虫，孩子们立即拿来镊子开始捉虫。男生胆大争着参加，小女生嬿嬿发现虫子后躲在教师身后，在教师的帮助下，小心翼翼将镊子握在手上，弯腰试着捉虫子，嘴巴发出"啊"的声音，多次尝试后，她也能自己捉虫子了，不害怕了。

镊子来抓虫

找虫子小分队的孩子们，每个早上都会找到好多的菜虫，获得了"找虫高手"称号。孩子们提出，有没有更简单的灭虫方法：

明明："把家里除虫喷雾带来。"

乐乐："不行，这样我们的菜苗会被毒气伤害的。"

 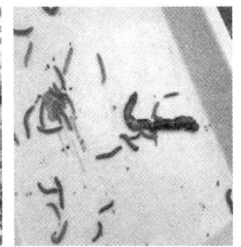

我不害怕

想想："我妈妈之前去过台湾，她说台湾有大农场，他们是用辣椒水来喷害虫的。"

孩子们赞同想想小朋友的办法。一起准备好材料后，孩子们戴上透明眼镜、口罩，将辣椒剪碎倒入矿泉水桶内，进行浸泡，放置一个礼拜后，孩子们在离园时间，将辣椒水喷到小白菜身上。第二天早晨，孩子们惊喜地发现，喷过辣椒水的白菜上少了很多虫子，自制杀虫剂首战成功。

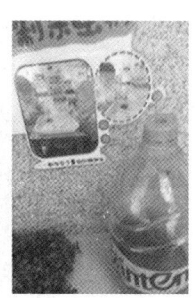

自制杀虫剂

尧尧小朋友又提出新的观点："大人让我们吃很多营养食品，身体健康不生病。那蔬菜要多补充营养，也能抵御害虫了！"于是她和爷爷查找资料，选择将苹果、火龙果、柠檬混合，放置在矿泉水瓶中进行发酵。一个月后，孩子们打开瓶盖，虽然气味很难闻，但还是忍着喷洒在蔬菜上，持续喷洒一段时间后，孩子们发现菜苗长得又快又好，开心极了。

自制肥料

菜地中最后长出的是黄瓜，黄瓜逐渐长大。孩子们也发现叶面有很多的小洞，已经有小虫子在上面蠕动。

教师："这是蚜虫宝宝，吃叶子的营养会长大。"

睿睿："我的瓜也受伤了。"

教师："那怎么办呢？蚜虫是有翅膀的，也抓不住呀！"

睿睿："那我将辣椒抹在瓜上，原来不一样的蔬菜会有不一样的菜虫。"

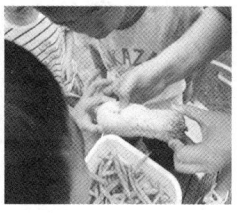

黄瓜里有蚜虫

正值春夏交接的雨季，睿睿的辣椒水在前一天抹上，第二天就被雨水冲淡，黄瓜还是被蚜虫咬了。睿睿又想出一个办法，蚜虫伤害叶子没有关系，只要保护好黄瓜就好了。于是，他用塑料袋把黄瓜包裹起来，一段时间后，孩子们掀开塑料袋，惊喜发现黄瓜表面光滑，塑料袋防虫也获得成功了。

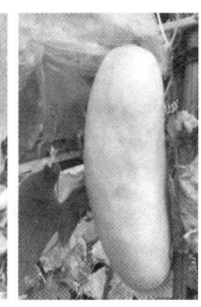

塑料袋防蚜虫

案例六

蔬菜丰收啦！

菜园子在孩子们的悉心照料下，第一批种植的菜苗长大了，可以采摘了。孩子们带着满满的欣喜，开始在菜园里忙碌起来，有的在轻轻拔萝卜，有的拿小剪子剪黄瓜，有的用手摘葱蒜，有的在装筐……他们愉快地劳动着。采摘回来的新鲜蔬菜，孩子们会负责清洗干净，再请教师或家长助教烹煮。午餐时，孩子们争先恐后，津津有味地品尝，"这是我们自己种的蔬菜，太好吃了！"吃着自己的劳动果实，孩子们感到满足和自豪。

 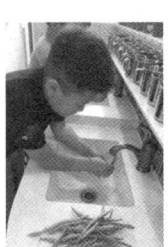  

采摘　　　　清洗　　　　烹煮　　　　品尝

培养新苗

早晨入园后，孩子们已经习惯做的第一件事，就是与同伴一起到菜园里走走、看看、聊聊。他们常常会萌发新的问题，新的思考："种子都要种在土里才会生长吗？种子在其他地方可以生长吗？"孩子们又产生新的探究点。

孩子们迁移之前成功的种植经验，共同创设"育苗圃"实验小基地。他们准备了沙子、棉花、纱布、木屑、水缸等，尝试将菜种子播种在不同的介质中。带着问题，孩子变身"小小科学家"在"育苗圃"里观察、记录种子在不同介质中的发芽情况。他们给种子浇水、晒太阳、换水、清除腐烂的种子等。"育苗圃"里的种子在孩子们的悉心照顾下，逐渐长出，孩子们发现只要用心照顾，在不同的介质中种子都能发芽，在纱布中种子长得又快又好。孩子们还将培育好的新苗移植到新菜地里，新一轮的种植活动又开始了！

育苗圃

棉花中的葱苗培育成功

移植

新的丰收

六、反思感悟

在为期一个学期的"快乐小菜农"主题活动中，教师追随幼儿活动兴趣与探索的足迹，尊重幼儿的想法，支持幼儿的做法，实现幼儿的主观探究，做幼儿活动中的支持者和引导者。教师以多种材料、记录方式支持幼儿通过观察、测量、比较等多种策略，尝试解决在菜地种植的过程中所发现的问题，倾听幼儿的想法，做幼儿观察的伙伴，在幼儿遇到阻碍时及时给予引导，从而使幼儿进一步萌发探究的兴趣，获得初步的科学探究能力，体验发现和自主探究的快乐。

结合《指南》，教师有意识地结合环境，引导幼儿探究雨水花园中的菜地。环境的准备中，教师注重营造适宜的探究环境，包括安全的心理环境和支持性的物质环境，激发幼儿自主探究与主动发现。

幼儿探究时需要安全的心理环境，需要教师接纳和尊重幼儿个体间的差异。活动过程中，幼儿展现个体差异，对菜园中所发现的菜虫、大蛤蟆、蜈蚣等小动物的接受程度不同。如案例四的童童小朋友对于小蜗牛的直观感知是害怕的，教师就需多观察幼儿的行为表现，引导幼儿通过辩论赛的活动，收集关于蜗牛的相关知识，对蜗牛有更多的了解，递进式地不断提高童童的接受程度，适当调节童童观察时紧张的心理，尊重幼儿的感受，从而给予幼儿安全的探究心理环境。

在我园"关爱课程"的渗透下，幼儿在以爱育爱的家园里，懂得"关爱生命、根植生活、快乐成长"。"快乐小菜农"主题活动中渗透尊重生命、关爱小动物的教育。幼儿在每日的观察与探究过程中，对自己种植的蔬菜付出劳动，注入情感，懂得关爱，做会快乐生活的快乐儿童，做会爱的快乐小菜农。

我的早点我做主

一、主题由来

我们发现每天早点时间，有些幼儿总喜欢和身边的同伴聊天；只有一种点心不能满足不同幼儿的口味；吃得快的幼儿要等所有同伴吃完才能开始活动；有的幼儿迟入园，刚吃完早餐接着又要吃早点……针对幼儿吃早点时存在的问题，我们引导幼儿围绕"你们喜欢怎么吃早点？"这一话题展开了讨论。幼儿纷纷说："我要和好朋友坐在一起吃早点。""我喜欢吃蛋糕，不喜欢吃寿司卷，要是能自己选就好了。""我的肚子有时不饿，想等一会儿再吃。"因此，生成了"我的早点我做主"主题活动，与幼儿共同探寻适宜的早点方式，满足不同幼儿的饮食需求，提高幼儿的自理自立能力。

二、活动目标

（一）总目标

1. 愿意与同伴围绕话题进行交流、讨论，能主动表达自己的想法，并认真听取同伴的意见。

2. 尝试与同伴分工合作创设早点区、制定早点规则、美化早点屋环境，学习成为早点小主人。

3. 能关注吃早点过程，发现问题能商讨解决，学习梳理、反思并积累有益经验。

4. 尝试用多种表征形式拟订计划、呈现规则、记录问题及解决办法、统计早点情况，并与同伴交流、分享。

（二）子目标

活动一　我的早点我做主

1. 能围绕讨论话题有序、连贯、清楚地表达自己的想法。

2. 尝试制定早点屋实施计划，能用符号、绘画、图表进行记录和表征。

3. 能与同伴分工合作实施计划，愿意听取同伴的建议，协商解决遇到的问题。

活动二　"小学课桌"式早点屋

1. 能与同伴商讨制定早点规则，并自觉遵守。

2. 能自己选择点心、倒牛奶、清洗杯子及保持环境整洁，愿意为同伴服务。

3. 能与同伴共同交流、反思早点过程中存在的问题，分享解决问题的方法与经验。

活动三　"咖啡吧"式早点屋

1. 能与同伴合作规划和设计早点屋、早点拼盘图案，美化进餐环境。

2. 能与同伴商讨制定早点新规则，用图文并茂的形式呈现，并在实施过程中进行调整和完善。

3. 尝试用图表记录一周早点情况，在成人引导下学习寻找规律、发现问题及改进方法。

三、网络图

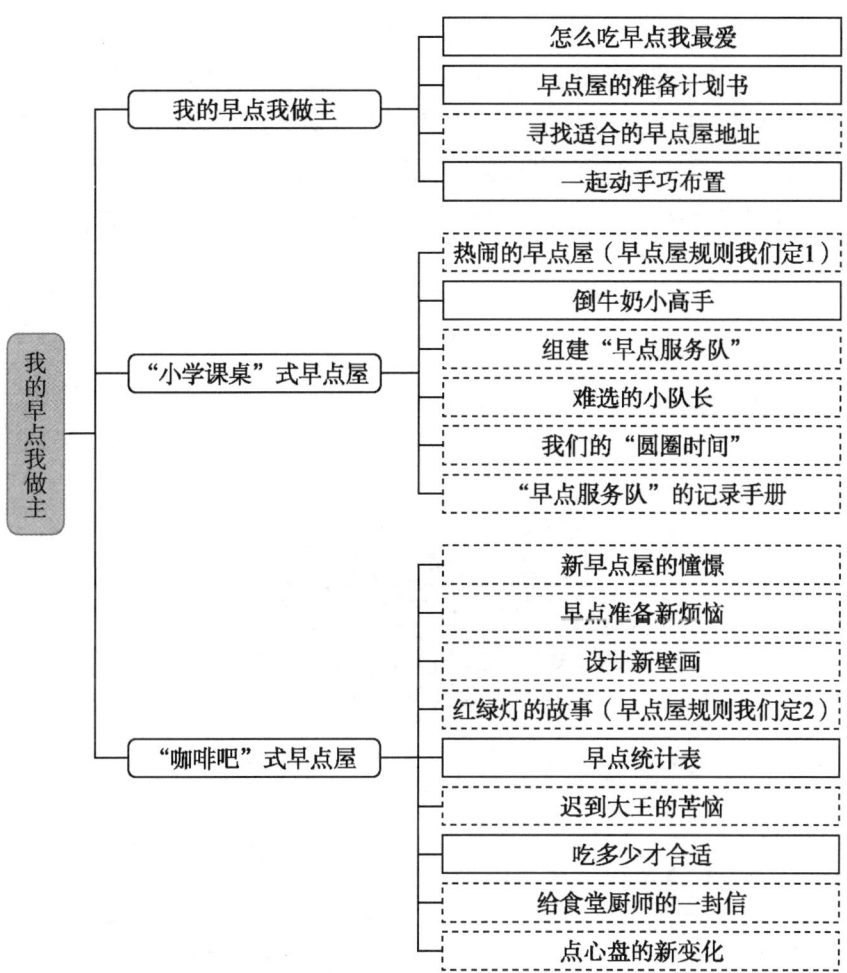

备注：实线部分为教师预设的活动，虚线部分为幼儿生成的活动

四、环境与资源

在教师的支持下，幼儿自主设计、创设并不断调整、美化"咖啡吧"式班级早点区，充分体现了动手动脑、协商合作、学习反思、解决问题的过程，获得了胜任感与满足感。环境中所呈现的进餐流程图、早点统计表、观察记录等，有益于帮助幼儿迁移和梳理经验，进一步明晰自主早点的规则和要求，增强自我服务与规划的意识和能力，养成良好的用餐习惯和文明礼仪。

（一）环境创设

1. 活动区角。

生活区：自主早点屋

2. 其他。

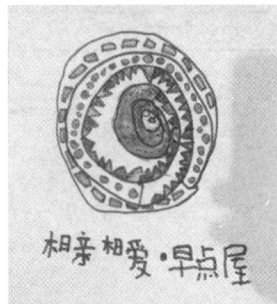

早点屋设计图

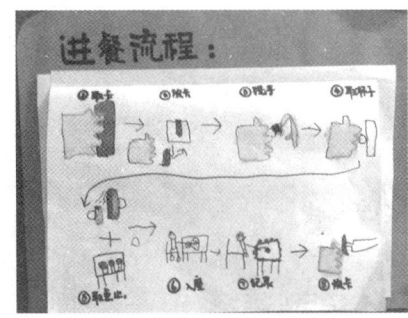
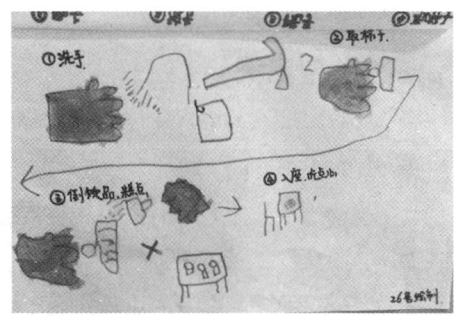

进餐流程图

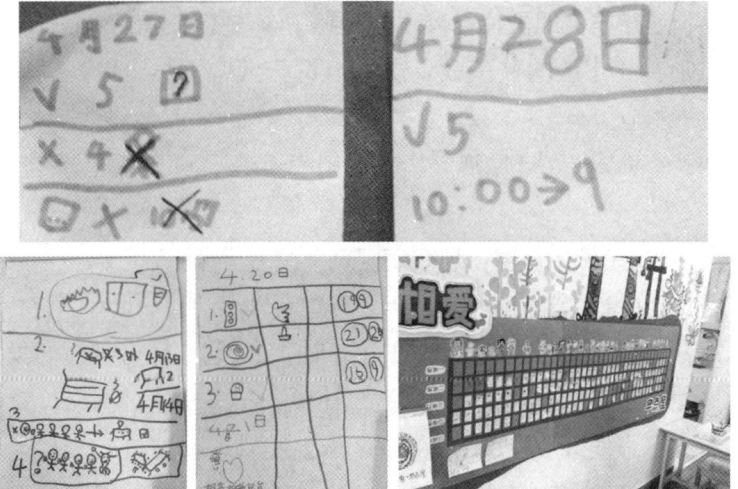

我们的观察记录　　　　　　互动式早点进餐统计

（二）资源利用

1. 鼓励家长在节假日带幼儿参观不同的餐厅，了解餐厅布局和环境装饰并进行评价。

2. 家园共同收集装饰早点屋的材料。

3. 在微信、QQ等家园沟通平台上，家园共同关注幼儿在活动过程中遇到的问题，鼓励支持幼儿的想法，并给予合理的建议。

五、典型案例

案例一

"相亲相爱"早点屋的变化

"小学课桌"式点心区

一次日常早点后的自由讨论时间,有的孩子提出希望有一个专门的点心区,环境舒适,能自由选择喜欢吃的糕点,能和自己的好朋友一起进餐,能在自己想吃的时候再进餐。在详细了解孩子们想法和需求后,教师支持并鼓励有此想法的孩子成立点心组进行大胆尝试,首先抛出问题:"温馨舒适的点心环境应该是什么样的?"

甜甜:"可以选择区域活动桌,这里靠近洗手间,吃点心时我们拿杯子很方便。"

薇薇:"这里做早点屋,那我们要玩下棋怎么办?"

婷婷:"在这里吃点心如果讲话会影响别人活动,一点都不好!"

针对孩子们的争论,教师再次提出问题引导幼儿思考"你们觉得最合适的地点要满足哪些条件?"经过激烈讨论,孩子们达成共识:早点屋应靠近洗手间,方便取放杯子和洗手,不会打扰别人或被别人打扰。

根据孩子们选出的三个场地——洗手间分餐桌台面、靠近洗手间的班级外长廊和游戏材料存放处,经过大家举手表决,确定最佳点心区设在游戏材料存放处。

  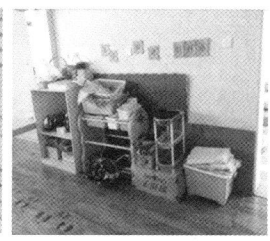

　　洗手间分餐台　　　　　班级外长廊　　　　　游戏材料存放处

确定地点后,小组成员们第二天就迫不及待地行动起来了。他们先是齐心协力地移开了大橱柜，然后清理场地和墙面，最后将班上所有空余的桌子全部搬到点心区。

分工合作整理

孩子们看着自己收拾好的点心区，又发现了新的问题：

乐乐："只有三张桌子不够坐，老师你看这样只能坐四个人。"

杰杰："好像还需要一些桌子，最好要一样的。"

此时，教师提出了建议：小组长可以将大家讨论后需要的桌椅数量和形状用图示的方法记录下来，然后到幼儿园里找。于是，孩子们从幼儿园各处寻找闲置的桌椅搬回班级，并经过多次实践操作，决定了桌子的摆放方式。

寻找桌子，确定摆放位置

细心的孩子们取来放牛奶壶的托盘，再次确认桌子大小是否合适，当发现方形的桌子宽度不够时，孩子们再次调整，将方桌换成长条桌，最后大家举起表示胜利的手势，让老师给他们合影。经过一番努力，"小学课桌"式点心区诞生了！

　　确定桌子大小　　　　调整桌子形状　　　　完成啦！

"咖啡吧"式点心区

一段时间过去了，孩子们热衷于给点心屋取名、设计标志。有一天，彤彤分享了自己和妈妈去咖啡屋看到的环境："我和妈妈去了××咖啡屋，那里好温馨哦，墙上有漂亮的画，桌子上还铺了小花桌布。"这一番话引起了孩子们的共鸣，他们对点心屋的摆设有了新的想法。教师提出问题："点心区要怎样布置才会温馨呢？需要用到哪些材料？"孩子们根据已有的经验发表自己的看法，并将需要的材料记录下来。

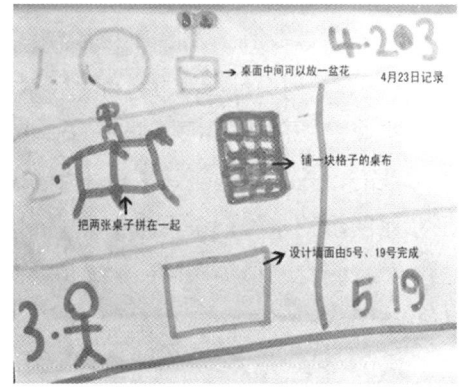

记录点心区的材料

孩子们齐动手，调整了桌椅摆放的方式，将原来面对墙壁的摆放方式调整成更利于点心时谈话交流的"咖啡屋"式摆放，并且增设了桌布、小摆设等，还共同设计了墙面图案，并在墙面上大胆涂画表现，使整个点心区环境温馨而舒适。

从简陋、机械而不利于交流的小学课桌式点心区到温馨的"咖啡吧"式点心区，创意的萌发、进餐方式的改进和早点环境氛围的营造

一起创设点心区

都是孩子们自主发现、合作、交流、协商、思考、计划和行动的结果。从早点选址、桌椅数量的确定、桌椅位置的合理摆放到环境的装饰，孩子们最初讨论出的设计方案不够合理，在实际操作过程中进行了一次又一次的调整和改进，尽管相较教师的直接指导，这样的早点进餐方式变革花费了更多的时间和挑战，但孩子们在每一次的思考和调整中都能基于上一次的经验和问题情境进行总结提升。改进的过程中，孩子们充分发挥了自主能动性，实现了坚持、自信、敢于尝试、自我反思、合作协商和集体意识等良好学习品质的养成，留下了弥足珍贵的发展轨迹。

［评析：合理选址是幼儿相互交流和争论的结果，在幼儿争论时，教师先不急于表达，而是鼓励幼儿充分说明、争论自己选址的理由，当幼儿未发现问题时再用提示性语言，引导幼儿思考"最合适的地点要满足哪些条件"，在整理布置场地的过程中，在力所能及的范围内教师放手支持幼儿多次实际操作，一起总结梳理经验。

当幼儿想到墙面上绘制图案可以使环境更温馨时，教师为幼儿提供支持，如带领幼儿欣赏大型涂鸦墙，鼓励幼儿自由交流表达，合作商讨设计绘制方案，并分工在墙面上大胆涂画。］

案例二

"统筹安排"效率高

值日生每天要完成"自助早点"点心前的准备和点心后的整理工作。温馨的咖啡屋布置起来具有一定的复杂性，在短时间内要高效有序地完成铺桌布、摆花、移动桌椅、放统计纸等工作，对孩子来说是个挑战。教师选择先不介入，在一旁观察并用手机录下孩子的准备情况。

＊孩子和以往一样分成两组，一组负责杯子的摆放，另一组负责进餐环境的布置。

＊环境组的两位孩子先移动桌子，过程中椅子被桌子推倒，阻挡了桌子摆放的位置，他们只好放下桌子去移椅子，桌子并排放好后，孩子再将椅子靠入摆好，这时准备铺透明桌垫和摆花的孩子在旁已等待许久。

* 强强铺好透明桌垫后,才发现桌垫下的花桌布还没铺,又急忙去取桌布,一旁拿花的婷婷只好将花放回原位,去帮助铺桌布。

在准备的过程中,由于没有合理安排准备工作的顺序和人员,最后在教师的帮助下,点心区的准备用时 20 分钟。活动后准备小组的孩子们你一言我一语地讨论开了。

小组长说:"嗨呀!今天大家肚子都饿了,我们还没有把早点摆好,太生气了!"

杰杰说:"就是,都怪桌椅组慢吞吞的,一会移桌子一会移椅子,我们拿着花都等半天了。"

萱萱反驳:"我们已经很快了!就知道在旁边催,这么多桌子椅子本来就要摆很久!"

教师在一旁耐心倾听孩子们的疑惑与焦虑,了解他们遇到的问题。随后教师与孩子一同观看了手机拍摄的准备全过程,孩子们在黑板上用图示的方法将所有的工作一一罗列。教师抛出问题:"怎样安排这几件事的顺序会更有序?怎样分工才能很快地把事情做好?"

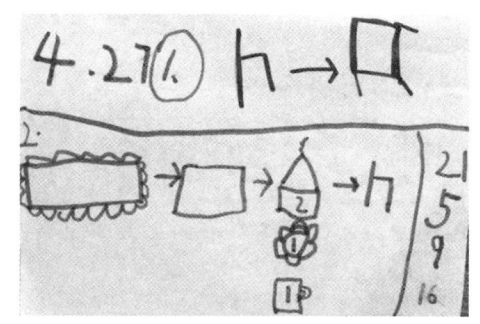

这样准备更有序

经过讨论,准备小组的孩子们合理安排准备顺序,各自领取了分工的任务,找到目前最合适的准备办法,并将讨论出的结果记录在记录本上。

第二天,孩子们按照前一天调整的方法进行准备,整理完毕后,小组长看了时间宣布:"我们神速,用了 8 分钟!"大家不禁欢呼起来!接下来的活动中,孩子们渐渐学会采用"讨论遇到的问题——罗列、调整顺序——记录讨论结果"的方法解决了"进餐流程""点心摆盘"等问题。

[评析:教师鼓励幼儿用图画和符号记录讨论的事件和解决的方法,通过记录,幼儿认识到要在绘制表格的时候预估好足够的空位,记录的符

号要简单，不仅要让自己懂，更要让别人也明白。在这个过程中，幼儿记录水平不断提高。不仅如此，记录表还让教师事后能随时了解幼儿关注的问题和发展情况。从记录本中，我们可以看到幼儿为了解决问题想出了许多妙主意，如佩戴手表解决集中时间问题，制作桌布四角标记来解决铺桌布问题，糕点的花样摆放等等。记录表不仅提高了幼儿记录水平，还能观测到幼儿的思维、创新和解决问题水平得到了提高。]

案例三

"规则"的意义

"自助点心"的规则设定是进餐秩序井然的重要条件，吃点心前洗手、取被子、倒饮品、拿糕点、入座等规则都是孩子们商讨设定的。随着活动的推进，"有空位就能坐下吃点心"这个规则的问题逐渐显现出来：在其他区域活动的孩子并不知道点心区是否有空位，因此想吃点心的孩子一会一会到点心区探头探脑、走走看看，催促声、议论声和玩笑声不断。

当这种混乱局面持续到第二天时，谦谦说："天哪！太吵啦！我的耳朵都要麻了！"朵朵说："这就是小马宝莉里的混乱时空，太可怕了！""你不要一直站我旁边嘛，我还没有吃完呢！""我不喜欢在这里吃早点！"瑶瑶在一旁叹气。

孩子们充分感受和体验到这个混乱给他们带来了不便，于是，教师引导孩子们商讨新规则："怎样才能让其他区域的小朋友知道点心区有空位了呢？"孩子们讨论后，想出了用"开关窗帘"的方式来解决问题，并选出了负责开关窗帘的值日员。但在实践过程中，孩子又对值日员的安排有了新的质疑。教师再次抛出问题鼓励孩子思考更有效的方法。

孩子们想出许多办法：请江老师帮忙，做一个电动遥控的按钮，吃完的小朋友自己翻红绿牌，在红绿牌下面贴数字，用以前我们游戏时候的入区牌等等。最后通过投票选出最合适的方法——设置"点心入区卡"，教师鼓励孩子将投票出的方法放入进餐规则，以符号图示的方法展示在点心屋内提醒吃点心的小朋友。

[评析："自主点心"环节中规则的设定是进餐秩序井然的重要条件，是幼儿理解、尝试制定规则的一次非常有效的教育契机。因此，"早点屋"的规则设定，教师为幼儿创造实际社会交往的机会，将规则的制定权交给幼儿，支持他们在真实交往的过程中一步步制定和完善规则，使幼儿理解建立规则的必要性，从而为今后他们自己商讨制定规则并自觉遵守积累经验。]

六、反思与感悟

1. 关注生活教育，善于从生活中捕捉适宜的教育契机。

生活即教育，教育即生活，生活与教育紧密联系让我们发现一日生活皆教育。自《指南》颁布后，许多幼儿园在吃点心环节做了许多探索和尝试，"自助点心"作为一种新形式也应运而生，主要表现在增加点心的品种，为幼儿创设温馨的点心环境。但细细观察和反思发现，这样的"自助点心"，通常是教师为了节省时间，提高活动效率，习惯性先入为主地思考和布置的，如安排确定合适的场地，创设温馨的环境，选择适宜的餐具，确定适宜的进餐和操作规则等等，幼儿多是被动参与和接受。这样一是造成幼儿主体性不能发挥，自主进餐和自我服务能力无法提升，惰性情绪不断增加；二是造成幼儿自我思考、解决问题的能力和敢于挑战、创新思维的学习品质养成缺乏；三是换汤不换药，单形式上创新的"自助点心"机制，无法满足和实现生活教育的重要价值；四是教师未完全放手，在无形中仍加大教师的工作量，久而久之影响教学和活动质量，不利于良好教育环境和氛围的营造。因此，教师要善于发现生活活动中的重要教育契机，还主动权给幼儿，反思和搭建适宜的、真正有助于幼儿整体发展的、符合儿童为本理念的教育平台。

2. 尊重幼儿主体地位，充分发挥幼儿独立创造能力。

为幼儿搭建适宜科学的支架支持，首先要站在幼儿的生理特点、兴趣需要和能力发展角度来判断和预测幼儿的可能发展空间。幼儿进入大班以后，随着自理能力的逐步提高和社会认知的发展，理解、思考、计划、行动、合作等各项能力都在逐步增强，加之他们的生活经验日益积累和丰富，能够对熟悉的事物进行简单的抽象逻辑思维，并从周围生活世界中迁移和运用经验，客观分析和预判，完全有能力胜任"自助点心"环节的筹备与开展。所以在大班上学期，我对自助点心环节进行改革，反思和挖掘其中所蕴含的教育契机，倾听、理解、支持幼儿的真实想法与需求，给幼儿更多的独立自主和选择权，支持幼儿与同伴共同商定参与方案设计、环境创设、整理准备、规则设定、自主进餐等过程，相信并希望他们真正成为点心活动的小主人。

3. 重视生活美学渗透，实现师幼自由平等对话。

从整个主题活动中，可以看到幼儿自主性的三个方面——独立能力、主动能力、创造能力都在"自助点心"活动中有所发展。同时，在主题推进的过程中，我们发现幼儿在逐步解决了早点进餐的环节准备、规则制定等环节后，也开始关注生活品质的追求，设计和提出要营造温馨舒适的就餐环境。首先，教师要信任幼儿，把发现问题和解决问题的机会还给幼儿。其次，教师要参与其中，当幼儿遇到瓶颈或屡遭失败而不利于自主性发展时，教师要及时帮助幼儿搭建最近发展区内的鹰架，抛出具有启发性、建设性的问题，与幼儿保持共同思考，通过师幼互动、幼幼互动激发幼儿的无限潜能。

美味春卷

一、主题由来

正值幼儿园开展重阳敬老活动,大班幼儿邀请了爷爷奶奶、外公外婆来园制作春卷、芋泥、扁肉、八宝饭等传统福州美食。幼儿在与祖辈一同制作、品尝美食的过程中,对春卷产生了极大的兴趣,尤其对春卷中丰富的馅料十分好奇,提出"为什么春卷里要放这么多的馅料呢?这些馅料为什么要切这么细?"等问题。同时,幼儿对自己动手准备馅料和包春卷充满了期待,要求将春卷作为班级的午餐特色菜。基于此,我们结合幼儿园每周五开展的自助餐活动,将备受幼儿关注和喜爱的春卷作为新菜品纳入食谱,并鼓励幼儿与同伴、教师、家长合作研发春卷馅料,"美味春卷"主题活动由此展开。

二、活动目标

(一)总目标

1. 知道春卷是福州的特色美食,激发对家乡饮食文化的自豪感与热爱之情。

2. 了解制作春卷所需的食材,尝试安全、正确地使用常见的厨房工具进行加工。

3. 能与同伴分工合作制作春卷,愿意与他人交流操作过程和结果。

4. 学会自我服务及为他人服务,乐意分享自制的春卷,激发关爱身边的人的情感。

5. 尝试用多种方法解决加工食材和包春卷中出现的问题，能互相学习和借鉴有益经验。

（二）子目标

活动一　春卷的食材

1. 喜欢品尝春卷，认识制作春卷所需要的食材，了解保证食物营养均衡的基本要求。

2. 能用观察、记录、统计等方法，尝试合理搭配春卷的馅料食材。

活动二　快乐包春卷

1. 尝试正确、安全使用常见的厨房工具加工春卷馅料。

2. 能采用观察、比较等方式，学习和借鉴他人加工食材、包春卷的方法。

3. 对成功感到兴奋与满足，能与他人交流和分享加工食材、包春卷的过程与结果。

4. 愿意与同伴分工合作，能想办法解决操作中出现的问题，体验自我服务的快乐。

活动三　美味春卷齐分享

1. 掌握包春卷的方法，能根据自己和他人的喜好、需求进行春卷创意造型。

2. 愿意与他人分享自己制作的春卷，体验为他人服务的快乐。

三、网络图

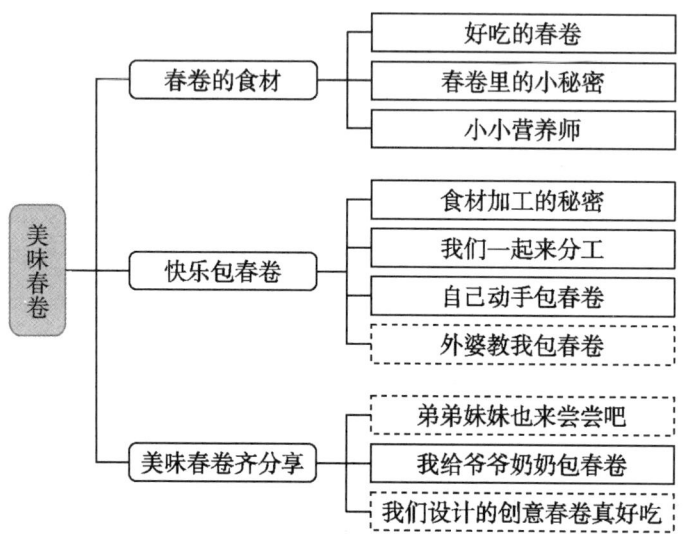

备注：实线部分为教师预设的活动，虚线部分为幼儿生成的活动

四、环境与资源

主题墙呈现师幼在主题活动进程中共同梳理的春卷食材加工步骤、适宜的工具、包春卷技巧等内容，增进了幼儿对家乡小吃的了解，也为同伴更好地制作春卷提供有益的经验借鉴。区角中投放的各种食材和工具，满足了幼儿日常操作的兴趣，丰富了幼儿加工食材的方式方法，提高了幼儿动手操作能力，同时也让幼儿体验到制作美食的乐趣，以及自我服务与服务他人的快乐。

(一)环境创设

1. 主题墙。

食材清洗、工具使用步骤图

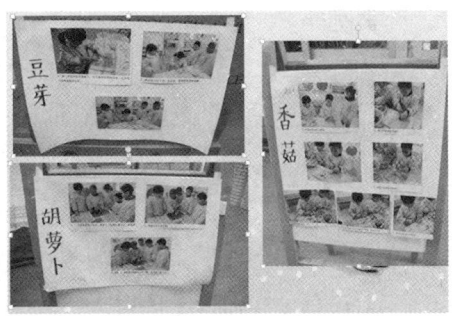

食材加工好方法

2. 活动区角。

生活区：加工食材

(二)资源利用

1. 邀请奶奶助教来园分享包春卷的方法。

2. 亲子一同采购春卷食材，尝试为家人包春卷。

采购春卷食材

五、典型案例

案例一

春卷食材知多少

重阳节过后,班级又特意开展了一次品尝春卷的活动,让孩子们再看一看、闻一闻、尝一尝,详细认识春卷馅料的食材。这次的春卷由食堂的叔叔阿姨根据福州大众口味而准备的。在品尝和谈话中,教师根据孩子们的关注点,引导他们思考和讨论两个问题:

①春卷是什么样子的?

②春卷馅料有哪些?为什么需要这么多食材呢?

首先,孩子们在品尝春卷的过程中通过眼睛看、嘴巴尝、与同伴交流等,了解春卷馅料里的食材包括萝卜丝、豆芽、豆干、肉等等。其次,就为何需要这么多的食材这一问题,幼儿根据自己的经验展开了讨论,有的说因为这样更好吃,有的说因为食物营养都不一样,搭配在一起吃才会更健康。

观察春卷的食材

通过对春卷馅料食材的交流讨论,孩子们得出很多种答案,并就结果进行记录、投票,也向家长了解馅料食材搭配的原因和方式,并产生了自己制作春卷的想法,提出新的问题:"我们可以选择自己喜欢的食材来做春卷馅料吗?"

[评析:在日常进餐过程中,教师和家长可以有意识地引导幼儿充分调动各种感官,通过看、听、摸、嗅等方式感受食物的外形、构成和味道,了解食物的食材构成和制作方法等,并引导幼儿自由地交流与表达。当孩子有兴趣、有愿望去尝试做某件事情时,家长要给予孩子支持与帮助,鼓励孩子大胆探索,并提供适宜的引导和支持。]

案例二
小小营养师来配菜

活动开展前,教师设计了一张记录表,第一栏记录着孩子们之前品尝春卷过程中发现的七种馅料食材,最后一格的"其他"选项,让孩子们记录自己喜欢的特色食材。活动中,孩子们自由分组,6人为一组,根据自己的喜好,在喜欢的食材选项后面写上自己的号数,然后由小组长统计,最后得出最受欢迎的食材分别是豆芽、肉、香菇、胡萝卜和虾米。

分组投票的结果

教师把孩子们选出的这五种食材呈现出来,然后引导孩子们思考之前讨论的问题:春卷食材的搭配要考虑哪些方面?我们选出的食材可以吗?有的孩子提出一定要保证食材的营养均衡。于是,孩子们根据在中班开展自助餐活动时制定食谱的经验,从营养搭配这个角度来观察这五种食材是否满足营养需求,还要加入什么食材。有个小朋友说:"我们缺少绿色的食材,我们加入葱吧,葱是绿色的,而且多吃葱可以预防感冒呢!"她这么一说其他孩子也跟着说:"没错,我妈妈也说多吃葱会少生病呢!"最后,大家便达成共识,在之前选出的五种食材当中加入了葱。

[评析:这次活动中,孩子们学习用小组合作记录、统计的方式自主选择喜欢的食材,并就结果及时进行分析、讨论,自主搭配营养餐。顾荣芳教授提出"幼儿健康行为养成层递假说",认为,幼儿健康教育的核心目标是幼儿健康行为的确立和保持。[①] 该行为养成的理想模式经历八个层层递进的阶段,其中经由"初步健康认知""自我努力的健康行为",到最后达至"自动化的健康行为"。幼儿掌握营养均衡的配餐知识是培养幼儿健康饮食行为的前提,成人应给予幼儿良好的行为示范和及时的鼓励,在

---

① 顾荣芳. 学前儿童健康教育论[M]. 南京:江苏教育出版社. 2006:129

关心爱护幼儿的前提下激发其内在动机,注重幼儿自立、自理能力及责任心的培养,也更多给予幼儿自主意愿表达、自我想法交流、自主选择和决策的机会。在此基础上,给予适宜的鹰架支持,让他们结合已有经验主动进行思考和探究,从而在实践操作中获得新经验的成长。]

案例三

食材加工的秘密

孩子们回顾之前吃过的春卷,再结合图片,发现春卷馅料的食材要加工得特别细,比如萝卜是要刨成萝卜丝,豆干要切成豆干丁,香菇也是要切成丁。那为什么要这样加工呢?孩子们又结合自己的经验展开讨论:有的说这样吃起来方便;有的说切小了就可以包更多的东西在里面;有的说切小点包的时候皮不会破等等。

那么要把这些食材加工成春卷需要的馅料,我们要做哪些准备呢?

一起看看孩子们已有的经验:

①知道选择适宜的工具如剪刀、小刀、刨刀来加工香菇、葱、胡萝卜。

②懂得加工食材过程中需要分工协作。

孩子们分成三个小组进行讨论:不同食材的加工方法一样吗?还要解决两个问题:①自己小组的食材可以选择什么工具来加工?②工具应该如何正确使用?讨论后用绘画的形式记录,并向其他组的同伴做介绍和分享。

第一组:加工豆芽。这一组的三个孩子想到了三种不同的加工方法,一种是用刀切,另一种是用手摘,还有一种是用剪刀剪。

第二组:加工香菇。这一组的孩子讨论了两种加工香菇的方法,一种是用刀切,一种是用剪刀剪。

第三组:加工胡萝卜。这一组的孩子根据以往分工合作的经验,讨论用分工合作的方法来加工胡萝卜,有的负责洗胡萝卜,有的负责刨胡萝卜皮,有的负责刨胡萝卜丝。讨论到胡萝卜如何加工成丝时,舒昕小朋友兴奋地说:"我知道怎么把胡萝卜做成丝,用刨丝器,我奶奶在家都是用刨丝器来刨胡萝卜丝还有黄瓜丝,我在家还试过呢,就像这样一下一下地把萝卜刨成丝。"说着她开始生动地比划起来。

当分享到胡萝卜这组的时候,大家都很好奇刨丝器长什么样,怎么用?用的过程中要注意什么安全?这里出现了一个新问题:孩子们没有使用过刨丝器,不知道如何使用更安全。

于是在班级的区角活动中,教师投放了刨丝器和胡萝卜,让孩子们在实际操作中认识刨丝器,并学会如何使用刨丝器才更安全。同时,我们也及时和家长联系,建议孩子们在家里使用刨丝器练习刨丝。

[评析:在这次的活动中,孩子们通过讨论、绘画表征,结合自己的实际操作体验,自主商定食材的加工方法,并用语言向同伴和老师介绍自己负责食材加工的使用工具及加工的方法。活动过程中,孩子们能合理选择工具,并通过问询老师、讲解示范和自身的实际操作体验等,知道了如何安全使用工具和不同形状食材的不同切割方法。孩子们的经验来自于直接感知、实际操作、亲自体验的生活实践中,教师要相信孩子的能力,并尊重孩子的想法,积极做好家园沟通,多给孩子放手实践的机会,在保证安全、自主、支持性的环境中让孩子按照自己的方式去尝试和体验。]

案例四

我们一起来加工

讨论完不同食材的不同加工方法后,孩子们都跃跃欲试,就想动手用自己想到的方法尝试加工食材,确定最佳方法。于是,教师组织了部分孩子到生活坊加工豆芽、蘑菇和胡萝卜。

1. 豆芽组的表现。

小迪:抓了一把豆芽放在菜板上,用刀子无规律地剁,剁了半天,抓起豆芽时,发现很多豆芽还是长长地缠绕在一起。

唱唱:一根一根地折豆芽,折了一部分以后看到篮子里还有好多的豆芽还没折,自己嘀咕起来:"怎么还有这么多啊!要折到什么时候呀?"

小新：用剪刀两根两根地剪。

蓓蓓：用刀切豆芽，先是抓一把豆芽码放在菜板上，然后用手掌按住这把豆芽的后半段，再用刀从头往后一点一点地切下去，很快就将一小桶的豆芽都切成小段了。

豆芽组切豆芽

从这 4 个孩子的表现我们可以看出，孩子们分别在用自己的方法尝试加工豆芽，使用的工具、方法不同，直接影响了豆芽加工的速度和数量。在他们的加工过程中，有个别孩子已经开始有意识地观察同伴操作的工具与加工方法，教师便让其他孩子暂停，一起来观察蓓蓓的操作，同时也请蓓蓓向同伴介绍自己的好办法。在蓓蓓介绍和制作的过程中，教师再用简练的语言来帮助孩子们提炼加工方法的重点，如：看蓓蓓一次抓了多少豆芽？她的左手放在豆芽什么地方？大家观察之后，也都尝试用她的方法来加工豆芽，经过实际操作发现这种方式确实又快又好，大家也都认同了她的加工方法。

［评析：这一过程中，教师无需先入为主引导幼儿观察或教导幼儿加工的最优方法，而是要鼓励和引导幼儿进行自我操作、对比观察，再进行经验总结和梳理。教师仅需用简短的语言提示，引导幼儿与同伴互相观察学习，对比分析自己的方法是否得当，并通过自身实际操作体悟他人的建议，这样更能提升幼儿经验获得的快乐感、满足感和自我效能感。］

2. 香菇组的表现。

安安：把香菇蒂去掉后，用刀把香菇切成片，然后再将片状香菇切成丁。当他看到同桌的小雨小朋友用剪刀剪香菇，也尝试着用剪刀将切成片的香菇剪成丁，这时候他高兴地说："哇！用剪刀剪一片一片的香菇很好剪呀！而且很快！"接着他就先用刀将香菇切成片，然后再用剪刀剪成丁。

小雨：用剪刀剪香菇，他把香菇蒂剪掉以后就顺着香菇的边缘往里剪,把香菇剪成丁,剪到中间部位时,发现中间有蒂的部位特别硬,不好往里剪。他调整了自己的方法,先将香菇对半剪开,再次对半剪开,最后剪成丁,之后他就一直用这个方法剪香菇。

[评析:幼儿在自主选择自己的加工方法过程中,自己发现问题,借鉴同伴的经验,自己尝试调整加工工具,优化加工方法。教师并没有太多的干扰,只是观察幼儿的操作,并给予充足的时间鼓励幼儿自己思考和调整加工工具与方法,当幼儿找到适宜的方法时及时给予肯定与赞许。]

香菇组切香菇

3. 胡萝卜组(分工协作)的表现。

小悦正在水池边清洗一篮子的萝卜,子翔在旁边看着她洗。

教师:"子翔,你为什么不帮忙小悦一起洗呢?"

子翔:"我是负责刨皮的,不是洗胡萝卜的。"

当小悦洗完,轮到子翔刨皮的时候,梦雪在一边看着没事做。

萝卜组刨萝卜皮

教师:"梦雪,你现在在做什么呢?"

梦雪:"我在等待!因为我是刨丝的,他们刨完皮我才能做!"

眼看其他组的都已经完成加工了,负责刨胡萝卜丝的梦雪和言言皱着眉头说:"我们的手都刨疼了,可是还有这么多!"于是教师看到了就请刨皮的孩子一起来帮忙,可是子翔和舒昕说:"我们是刨皮的,不是刨丝的。"

孩子们对于自己预先商定好的工作方案执行得很认真和严格,他们认为这是大家约定的规则，就必须严格遵守，而没有意识到这样的分工方式可能存在一些问题，没有意识到分工协作的目的是为了把事情做得更快更好，而不只是为了分工而分工。于是，教师及时召集孩子们讨论：为什么你们组加工的速度比别的组慢？这样的分工有问题吗？孩子们讨论说："我们组有的人很快就做完了，但是刨丝很慢很累，只有两个人做太慢了！"还有的孩子建议说："还是不要分工了吧！一起做可能会更快！"接下来，教师针对出现的分工问题，引导孩子们重新调整操作流程并达成共识：洗、刨皮、刨丝这三道程序小组成员一同完成。

这部分的孩子在生活坊尝试用自己的方法加工食材，还互相学习借鉴，并确定最佳加工方法。教师用照片呈现大家讨论出的最佳加工工具、方法和程序，并通过视频帮助他们进一步丰富食材加工经验，在全班进行推广。

[评析：维果茨基提出合作是认知发展的来源，大班幼儿多在同伴合作交往中开展各类活动，通过合作促进认知发展。在加工春卷食材的过程中，教师可以有意识地引导幼儿进行同伴互动交往，在促进幼儿社会性发展的同时，也能更好地帮助幼儿共同解决问题，实现自我服务、服务他人、关爱同伴的教育价值。幼儿的发展存在个体差异，不同兴趣爱好、经验能力的幼儿集体本身是很好的教育资源，教师要有意识地多创设条件，让孩子在与同伴的交往互动中学习与发展。]

案例五

动手包春卷咯

食材加工完后，就要开始亲身体验包春卷啦！这是孩子们第一次包春卷，教师没有直接教给孩子包春卷的方法，而是希望孩子们可以通过自己的观察、探索、尝试来体验不同的包春卷方式。

当炒熟的馅料和春卷皮被送到班里的时候，孩子们非常兴奋，跃跃欲试，想赶紧动手试试看，可是当他们真正开始包的时候却犯难了，出现了以下几个问题：①不知道馅的量放多少合适，有的放太多了。②不知馅料要放在春卷皮的什么位置适宜，有的放得太旁边不好包。③不懂得怎么包，有的揉成一团做成包子状，有的像折方巾一样折成方块，有的从中间直接往上卷等等。

第一次尝试包春卷

那么怎样包春卷才不会出现这些问题呢？教师邀请了子翔外婆来介绍春卷的包法，示范怎么包春卷，教师同时用语言和动作引导孩子们观察重点，如馅放多少正好，放在春卷皮的什么位置合适，包的顺序和方法是什么，之后再请个别孩子示范操作，尝试使用子翔外婆的方法包春卷，大家观察、比较并评价，教师和外婆再进行指导。孩子们在实际操作中互相评价、互相学习，不断提升包春卷的技能。

[评析：大部分幼儿缺乏生活经验，只靠自身无法掌握春卷的正确包法，教师作为重要的教育支持者，积极引导幼儿交流和总结不成功的相关经验，激发他们改进操作方式的意愿，搭建适宜的平台和机会，开展家园共育，引入家长资源进行亲身示范和演示指导，帮助幼儿在操作、比较、观察、交流和评价的过程中，逐步掌握包春卷的正确步骤和方法。要注意的是，幼儿获取的知识经验并不是成人直接传授的，而是自己亲身经历获取的，教师要多搭建平台，充分利用家长资源，引导孩子利用感官感知、动手实际操作、亲身参与体验，在玩中学、做中学、生活中学，获得丰富的直接经验。]

案例六
弟弟妹妹也来尝一尝

孩子们包了几次春卷后,开始关注身边的人,有的小朋友问:"老师,小班弟弟妹妹喜欢吃春卷吗?"教师:"不知道呀!要不去小班问问看。"教师邀请了几个小朋友去小四班做了调查,孩子们回来后高兴地说:"弟弟妹妹们都说很喜欢吃呢,要不我们来给弟弟妹妹包一次吧!"于是,开始了为弟弟妹妹包春卷的活动。

活动前先讨论:为小班弟弟妹妹做春卷,要注意什么?

安安:"要把香菇剪得再小一点。"

教师:"为什么呢?"

子翔:"因为小班弟弟妹妹的嘴巴小。"

教师:"是的,你们考虑得非常细致,香菇还要剪得再小一些。还有其他问题吗?"

言言:"豆芽不能太长,要不然弟弟妹妹会卡在喉咙,不小心就吐了。"

宇飞:"包的时候不能太大了。"

元元:"馅不能放太多。"

子翔:"要包得紧一点,不然馅会掉出来。"

孩子们已经能够结合自己的已有经验,再根据小班弟弟妹妹的生理特点和饮食习惯进行分析小结,并依此讨论商定出较合理的食材加工制作方法。

开始为小班弟弟妹妹包春卷了。

安安在加工香菇的时候看到言言第一次加工香菇,他非常热情地说:"我来教你怎么做,你先看我

我们给小班弟弟妹妹包的春卷

……"

在加工豆芽的时候伙伴们会互相提醒:"豆芽要切得很短哦,因为这是做给小班弟弟妹妹吃的。"

在包春卷的过程中,陈悦对星亦说:"你还要把肉和豆干也夹一些进去,这样弟弟妹妹的营养才够呀!"

[评析:现在的幼儿园按年龄分班是普遍现象,而在大多数人类社会的群体文化中,大孩子和小孩子相互往来,大孩子看护小孩子是儿童社交生活中的一种重要方式。大班幼儿在为弟弟妹妹制作春卷的过程中,能自发地从其生理和年龄特点考虑加工食材,不但可以培养移情能力和敏感度,也能在分工合作、互帮互助的加工过程中更加关注到食品的精细制作和合理搭配、平衡营养,在此过程中,大班幼儿爱弟弟妹妹的情感油然而生,能体验到为弟弟妹妹服务的快乐。]

六、反思与感悟

1. 关注幼儿生活世界的可能教育价值。

儿童是一个独立成长的个体,是现实的人、具体的人、不断生长并走向未来生活世界的人。儿童自身所经历的生活世界中充满很多自我建构、经验累积的机会和可能,如在重阳敬老活动中发现幼儿对春卷制作的兴趣。教师和家庭生活中的重要他人,要善于捕捉实际生活中的各类教育契机,丰富幼儿生活经验,实现生活世界的可能教育价值。

2. 尊重幼儿自我表达、自主探索的意愿。

幼儿的自主性主要受三种因素的影响——好奇心、自信心和动力。[①]还原和提供给幼儿直接感知、亲自操作、实际体验的机会和空间,帮助幼儿在加工春卷食材和制作的过程中形成自主发现问题、解决问题的能力,也能强化他们敢于尝试和挑战的信心,并不断鼓励他们在与材料、人、环

---

① Janice Englander Katz 著. 洪秀敏等译. 促进儿童社会性和情绪的发展 [M]. 北京:机械工业出版社,2015:13

境的互动中实现自我反思。如幼儿在自主探索使用生活用具的过程中，既提高了生活技能，体验到自己动手做美食的乐趣，也萌发了热爱生活的情趣。

3. 有效搭建支架，建构合作讨论环节。

幼儿的成长是在与他人和世界的交往中进行的，合理的支架搭建是促进幼儿向更高水平发展的阶梯，教师和家长应基于幼儿的兴趣和已有经验，为其搭建问题和合作支架，提出一系列层层递进的价值性问题，鼓励和引导幼儿在与同伴的观察、合作、交流、讨论中发现、思索和互评，达成分工协作下的活动效果；为其搭建情感支架，创设宽松自由的心理环境，帮助引导幼儿积极自主表达，愿意倾听他人意见，在与同伴的表达性和接受性沟通中相互交流，从而获得有益的生活经验。

4. 重视幼儿社会性情感养成，践行关爱教育理念。

移情能力是一个人在生活中取得成功所需要的最重要的技能之一。与成人、同伴共同生活，是幼儿社会学习的重要途径，教师和家长要及时捕捉和挖掘日常生活的社会性教育价值，多在不同年龄班之间创设相互联系的空间和机会，引导幼儿关注、关心和关爱身边的人、事、物，重视自己作为一个有活力集体成员的价值，从服务自我到服务他人，从关爱小班弟弟妹妹做起，延伸到关爱身边的人，为家人、同伴做力所能及的事，在幼儿的心灵播撒爱的种子，体现了我们"关爱课程"所倡导的"关爱生命　根植生活　快乐成长"的教育理念。

5. 利用家长资源，实现家园共育。

家长资源是重要的教育资源，在进行家园共育的过程中，要充分利用和挖掘家长资源，与家长及时互动交流了解幼儿的兴趣、需要和已有经验，引入家长资源丰富班级活动的开展，如春卷馅料的调查、食材加工的方法、包春卷的方法等，均可实现家园无缝链接和互动，在家园互动、师幼互动、幼幼互动的过程中达成多元共同体协作的教育价值。

三号餐饮

一、主题由来

幼儿园每周五的自助餐活动深受幼儿的喜爱,幼儿在进餐过程中逐步了解了进餐文明礼仪,学会了自主配餐的方法,掌握了清洗、剪切、整理等基本技能,并对制作美食产生了浓厚的兴趣。在一次点心环节中,值日生看着可口的糕点,不由自主地叫卖起来:"美味的寿司,大家快来买呀!"不一会儿,点心盘里的寿司便全部卖光了,由此幼儿萌发了想开一家属于自己的餐厅的想法。为了满足幼儿自我实现的需要,促进其社会性的发展,我们给予幼儿充分的自主权和选择权,让他们真正成为餐厅的小主人。幼儿积极思考、热烈讨论并展开行动:为餐厅取名,创设环境,自制糕点,推销美食,营业热卖等。伴随着"三号餐饮"这一幼儿共同推选出的美食店名的诞生,主题活动不断生成和推进。

二、活动目标

(一)总目标

1. 了解餐饮店的饮食文化、环境创设、食物种类等,进一步激发幼儿自己开设餐饮店的愿望。

2. 尝试用多种表征方式规划、设计和创设餐饮店各个区域,能协商制定活动规则。

3. 感知食物的多样和美味,体验制作和品尝美食的乐趣。

4. 能用图文并茂的方式记录和展示活动过程，愿意与他人进行交流、分享。

5. 尝试评价自制和烹饪的食物，能发表自己的想法和建议，并与同伴共同商讨解决问题的方法。

6. 愿意为自己和他人服务，萌发热爱美食、热爱生活的情感。

（二）子目标

活动一　餐饮店招商

1. 愿意持续参与餐饮店的区域规划与环境创设。

2. 了解常见食物的制作方法，能以写信、推选等方式邀请家长担任美食助教。

3. 愿意与同伴、教师和家长分工合作，能主动交流与分享自己的想法和做法。

4. 尝试用绘画、符号及统计等方式，记录餐饮店招商准备工作。

活动二　第一次试营业

1. 积极参与试营业活动，进一步学习切剪、搅拌、摆放等基本技能。

2. 了解食物制作和烹饪的不同方式，对其过程感兴趣。

3. 乐意分享自制的食物，能清楚地表达不同食物的味觉体验，并进行自评、互评。

4. 能与同伴互帮互助，交流遇到的问题并商讨解决办法，准备下阶段试营业的活动内容。

活动三　第二次试营业

1. 能动脑动手，敢于尝试营业过程中有一定难度的任务。

2. 能迁移已有经验设计桌布、广告语、形象代言人等。

3. 学习有计划和合理地分配钱币，体验数学在生活中的有趣和有用。

4. 能遵守活动规则，养成不拥挤、不插队等文明习惯。

活动四　开业啦

1. 能根据餐饮店的特点及需要，选择适宜的食材进行加工和制作。

2. 能运用色彩搭配、形状组合、形象创意、规律摆放等多种形式，进行创意摆盘和制作招牌、赠品。

3. 感知餐饮店食物的多样，进一步激发自制美食的愿望，体验自我服务和服务他人的快乐。

三、网络图

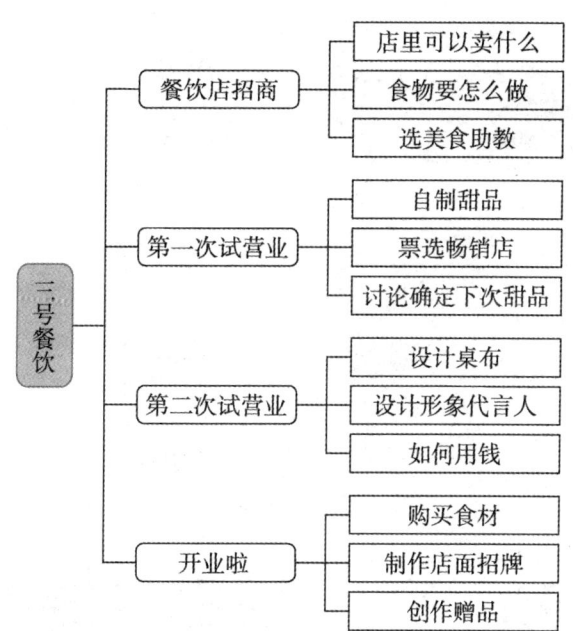

备注：实线部分为教师预设的活动，虚线部分为幼儿生成的活动

四、环境与资源

伴随主题活动的推进，主题墙呈现了幼儿的开店设想，两次试营业中遇到的问题和解决的办法，以及为正式开业所做的准备等，充分体现了幼

儿参与"三号餐饮"开店计划的积极性与主动性,以及为实现自己的计划不断协商、改进、挑战的过程。便于幼儿自主操作、互动分享的活动区角,让幼儿在宽松愉悦的氛围中与同伴一起设计餐桌布与店面招牌、自制甜品、开展餐饮游戏等,萌发了热爱美食、热爱生活的美好情感。

(一)环境创设

1. 主题墙。

讨论开哪些店

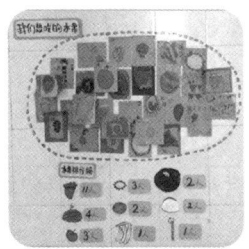 

票选喜欢吃的水果和畅销店

2. 活动区角。

美工区:设计餐桌布、店面招牌

生活区：制作甜品、水果沙拉

游戏区：售卖水果沙拉

（二）资源利用

1. 提供各类餐饮美食店的相关图文资料，丰富幼儿的已有认知经验。

2. 邀请家长助教协助准备食材、帮忙烹调并介绍方便的食物加工经验等。

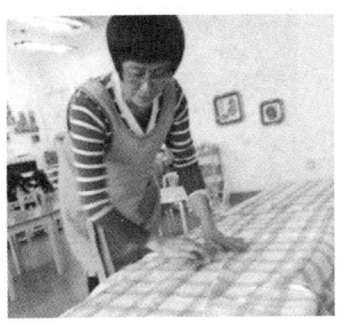 

3. 请家长带幼儿到附近超市访谈导购员，采购食材。

4. 家长带幼儿参观家附近的甜品店、牛排店等，深入现场感知和积累实际生活经验。

五、典型案例

案例一

我们的钱不够用啦

第一次试营业活动后，教师组织孩子们进行讨论。

明明："老师，我们的钱不够用呀！我们还想吃牛排都没有钱了。"

兰兰："我们只吃了牛排和水果沙拉，还想吃芋泥盆栽可是都没有钱了。"

西西："我和家诚一起买了大盘的水果沙拉，可是他一直让我付钱，我付完钱就不能买其他东西了！"

大家都反映"钱不够"，这时聪聪说："我用3元买了水果沙拉，用2元买了芋泥盆栽，还买了2元的蛋糕和2块牛排（2元），我每个店都吃过了，吃了很多东西。"

教师："那为什么有的小朋友可以吃好多种的食物，有的钱不够用，只吃到一种食物呢？"

老板，我要买牛排！

泽泽："因为有的小朋友同一种食物买太多了，所以吃不到其他的食物了。"

潇潇："我们把钱分好几份，然后想好最想吃什么再买什么，而且先一点一点买，这样就够用了。"

教师："那如果只有10元钱，要怎么分呢？"

豆豆："分成5元和5元。"

潇潇："分成3元、3元、2元、2元，这样可以多买几种东西吃。"

最后大家总结出花钱妙招，将10元钱分成好多份；喜欢吃的东西，不要一直吃；甜品店里的甜品都是甜的，不要每样都吃，可以选择其中的一样或两样；大盘的水果沙拉，可以和小伙伴们一起购买，大家分别取出一些钱或轮流付钱；只要合理分配和使用，钱其实是够用的。

[评析：陶行知"生活即教育"理念的核心是倡导教育活动的生活化，试营业活动正是十分贴近幼儿生活实际场景的主题活动。幼儿共同创设和模拟的餐饮店开业活动是还原和再现幼儿生活片段、生活场景，基于他们需要和兴趣的真实情境活动。在活动推进过程中，幼儿作为活动的主体，不可避免会遇到很多实际的问题，如买卖钱币的使用兑换、合理开支、购买食材的顺序择定等等，游戏和实践场景的生活化有利于幼儿在实际生活场域中梳理抽象数学概念，积极思考并尝试用数学知识解决实际生活问题，积累解决情境化问题的新经验。]

案例二

甜品小站趣事

第一次试营业，骁骁和乐乐是甜品小站的服务员，一会儿彤彤过来对他们说："我吃完咸咸的牛排，又用装过牛排的盘子去装蛋糕，蛋糕好难吃！"

琪琪说："你们的甜品怎么乱七八糟的！都没摆整齐！"

华华说:"蛋糕太少了,这些我都不爱吃!"

听了大家的意见后,骁骁和乐乐马上动手整理剩下的蛋糕,骁骁说:"我们摆成长方形吧!"乐乐说:"我觉得摆成圆形好看。"摆着摆着,乐乐说:"好像爱心。"骁骁说:"那就爱心吧!看起来很有爱。"最后摆出了爱心形状,看起来更有食欲了,吸引了很多小朋友。

美味的甜点

自助餐结束后,乐乐就跑来跟老师说:"小朋友觉得蛋糕的品种太少了,能不能增加其他的品种?"教师说:"可以呀,等下大家讨论时,问问看需要增加哪些品种,然后一起来准备。"

第二次试营业,孩子们又选骁骁和乐乐当甜品小站的服务员。他们在准备蛋糕时,增加了布丁糕、芒果班戟。在开张前,他们还寻求了教师的帮助,准备了部分和盘子一样大小、干净的纸垫,想要在吃完咸味东西的盘子铺上纸垫,再放蛋糕就不会咸了。另外,他们还准

一起创设甜品小站

备了三个形状各异的大盘子摆放糕点,摆出各种造型,吸引大家的目光。

[评析:在试营业中,幼儿不断发现问题,解决问题:觉得盘子只有一个,吃完咸的再装蛋糕不好,就提供纸托,这样味道就不会串在一起了;增加了甜品的品种,摆放出更美的造型。

支架式教学理论倡导的教学和活动评价强调评价主体的多元化和评价过程的开放性,幼儿是有能力主动建构、适应生活、发现问题和解决问题的学习者。在主题活动推进的过程中,通过开展幼幼互评的方式,实现同

龄人的互相评价和借鉴学习，更有利于实现经验的相通和共鸣。同伴互评和经验共享支持，不仅有利于同伴交往互动，增强幼儿的自我意识，解决现实情境问题，也能促进幼儿社会性发展。同时，教师也需关注幼儿在餐饮活动中萌发的美感兴趣，抓住教育契机，挖掘生活活动中的艺术美、创造美。]

案例三

设计制作店面招牌

两次试营业后，教师组织了一次集体活动，提出："我们的小店招牌可以吗？需要修改吗？"孩子们纷纷议论起来："招牌太小了""招牌不能体现小店特色""招牌上要画出卖的是什么"。大家对招牌提出了不同的看法。

教师："那要做多大呢？"

燕燕："要一张桌子那么大。"

其他孩子："对对对，要桌子那么大。"

教师："那要怎么有特色？"

垦垦："水果沙拉店要做成水果的形状。"

乐乐："蛋糕店上面要画出各种蛋糕。"

增增："牛排店能不能画一头牛？"

教师："那好吧！你们按上次那样分成三组设计制作新的招牌。"

孩子们选择了像方桌那么大的纸张开始创作，最后在教师的协助下，互相合作，制作出了苹果形状、蛋糕形状和牛形状的招牌。

设计制作店招牌

［评析：以幼儿的兴趣为出发点，关注其所关注，不难发现，幼儿在拓展和延伸主题活动时，在解决基本的原料采买、食材加工、烹调方式、进餐环节等后，开始从美学视角转向餐饮小店的市场吸引力上。正如上文中所说，生活教育中不乏美学观照的教育，以

环境创设、餐品形状、颜色、食材搭配、摆盘等为切入点进行广告宣传的设计，是幼儿基于日常生活经验基础上的迁移和创造，是引导和丰富幼儿的生活和精神世界，以美带美，实现完满发展的重要方式。]

六、反思与感悟

陶行知认为，生活即教育，教育和生活是同一过程，教育含于生活之中，要与实际生活相结合。对幼儿来说，生活化教育更符合其身心特点。幼儿教师的活动设计要体现生活的特征，给予幼儿充分的机会去发现问题、解决问题，发展幼儿多方面的能力。

1. 活动设计"生活化"，动手操作"自主化"。

我们所倡导的尊重儿童，并不是形式上和口号上的呼吁和宣传，而是认同儿童作为现实生活的主体，还给儿童真正成为儿童生活的直接主人的权利和机会，让其充分地体验生活、理解生活和建构生活。"3号餐饮"主题活动开展过程中，各环节的主题商定、延伸、设计、开展均由幼儿自发构想和讨论而成，幼儿也充分自由地动手操作和实践探索，在问题不断生成和解决的过程中获得了应对未来可能生活的能力。如在清洗食物、切水果、煎牛排、挤奶油，以及摆放食材、整理物品、清洁桌布餐具的过程中，孩子们主动参与活动，动手能力明显提高，服务自己和服务他人的意识也得到进一步提升。在商讨店面入驻、制定装修采买计划以及推销购买食品等过程中，孩子们大胆地提出自己的想法，主动与同伴交流交往，在自由、宽松的环境中增进了与同伴的互动，提高了语言表达能力。

2. 践行生活化教育，在真实情境中发展认知。

儿童生活教育的目的是使儿童体验生活和存在的意义，成为完满的现实生活和可能生活的主体[①]。幼儿是主动建构和适应生活的学习者，在餐饮店开展的过程中，各个环节都蕴含着幼儿自主学习发展的科学教育契机。如准备环节，教师、幼儿和家长可一起采购原材料，讨论掌握辨别原

---

① 侯莉敏著. 儿童的生活与教育[M]. 北京：教育科学出版社，2009：198

料好坏的方法；在择菜洗菜过程中，幼儿可掌握清洗方法，了解各类蔬菜、水果的形态结构；加工环节中，幼儿会接触到计算、等分、测量、模式等任务，感受数、量、形、时间、空间的数量变换关系，也能在感受欣赏美、创造表达美的过程中将美感教育日常化、生活化，还可以运用视、听、触、味、嗅等多种感官参与和感知烹饪过程；烹饪环节中，教师可以引导幼儿探讨熟食特性与烹调过程的关系，进一步丰富生活经验；烹调活动前后，教师还可根据幼儿需要适当拓展和延伸活动，帮助幼儿了解烹调食材的生长环境和过程；在买卖食品的过程中，幼儿学习合理分配和使用钱币，"小老板们"还凑在一起清点自己赚到的钱币，充分感受到数学在生活中的有趣和有用等等。

3. 抓住幼儿美感体验，发展艺术综合表现力。

任何人都有追求美和表现美的态度和情愫，儿童亦如此。随着主题活动的推进，幼儿在关注餐饮小店吸引力的过程中，自发将环境美、形式美等引入环境创设与改造中，这正符合"日常生活审美化"的观念，同时也符合《指南》提出的在日常生活中发现美、创造美、感受美、享受美的教育精神和要求。而将生活美学引入饮食，并非单纯追求花哨的外表、丰富繁杂的饮食呈现形式来体现"食之味"，更重要的是，在关注食育营养健康的基础上，帮助幼儿实现餐饮活动中的身心和谐、各领域全面综合发展。因此，教师也可以引导幼儿借助饮食之美、环境创设之美、劳动之美，增加幼儿对生活美的感知和体验。如在装饰店面招牌、设计桌布以及制作生日蛋糕、水果拼盘、摆放食品的过程中，孩子们运用色彩搭配、形状组合、形象创意、规律摆放等多种形式展示自己独特的想法，可以充分展现他们的想象力和创造力，也能不断提高他们的审美能力和艺术表现能力。

4. 创设自由宽松的环境，养成文明就餐好习惯。

幼儿是走向未来生活的小大人，更需要在幼儿园阶段了解和养成适应群体社会规则的良好习惯。而规则的制定和遵守，并非强制地敦促和监控，而是在宽松信任的环境中给予幼儿理解规则、适应规则、接受规则的自由。如幼儿根据日常经验和问题发现，自己制作了许多文明就餐公约，摆放在相应提示位置，让大家知道"吃多少取多少，不浪费""不能喜欢的东西一直吃，要合理安排""就餐时要轻声细语，不影响他人"等等，养成了自助餐的文明礼仪，并将这种礼仪带到自己的生活中。同时，教师也要给幼儿创造更多的与同伴互动和交流的机会，让身处相同生活世界中的幼儿分享经验、共同成长，和同伴一起了解自助餐文化，享受动手制作健康美食的乐趣，进而获得对生活的愉快感知和丰富体验。此外，要重视家园共育的实践意义，让家长带领幼儿走进丰富多彩的现实生活中，一起制作美食，尽享愉快体验，让幼儿更懂生活、爱生活，共享美食带来的温馨与幸福。

可爱的小虫子

一、主题由来

一天,幼儿在户外草地上玩耍时发现了许多斐豹蛱蝶的幼虫,他们都非常好奇:"为什么草地上会有这么多虫子呢?""这些虫子的名字叫什么?"老师故作惊讶地回答:"是啊,怎么会有这么多的小虫?这些小虫是不是遇到危险了,正在寻找安全的地方躲避呢?"幼儿听了争先恐后地说要保护小虫子。于是,大家一起找来几个瓶子,把这些虫子装进瓶子里养着。可是,它们到底是什么虫子?需要吃什么?长大后会像蚕宝宝一样变化吗?主题活动"可爱的小虫子"由此生成并推进。

二、活动目标

(一)总目标

1. 感知斐豹蛱蝶一生的生长变化,能主动照顾小虫子,萌发关爱动物、善待生命的情感。

2. 喜欢亲近斐豹蛱蝶,尝试用多种方式探究斐豹蛱蝶的外形特征、生活习性和生长需要等。

3. 愿意持续观察和探究,能与同伴商讨解决观察和饲养小虫子过程中出现的问题。

4. 能用图文并茂的方式进行记录,乐意交流和分享自己持续观察、猜想验证的过程和结果。

5. 尝试以多种途径获取斐豹蛱蝶的相关信息资料，养成主动学习、梳理积累经验的习惯。

（二）子目标

活动一　小虫子初认识

1. 对小虫子感兴趣，了解其基本特征及主要变化。
2. 喜欢探索小虫子的秘密，能发现问题并与同伴商讨解决问题。
3. 学习细致观察，能大胆、清楚地描述观察过程与结果。
4. 能用多种方式表达自己对小虫子的喜爱之情。

活动二　饲养小虫子

1. 尝试通过猜想验证、记录分析、合作统计等方式，持续观察和发现斐豹蛱蝶从幼虫到成蝶的生长变化，并愿意与同伴交流、分享。
2. 了解小虫子的生活习性，能根据小虫子不同阶段的生长需要，创设适宜的生活环境并进行饲养。
3. 愿意轮流承担周末饲养小虫子的任务，萌发关爱小动物的责任感。

活动三　破茧成蝶

1. 进一步了解斐豹蛱蝶从虫到蝶生长过程所需的基本条件。
2. 能通过观察、比较发现公蝴蝶和母蝴蝶不同的外形特征。
3. 尝试以网络查找、翻阅书籍、咨询求助等方式，了解斐豹蛱蝶人工养殖、过冬等相关信息。
4. 尝试梳理和积累有益经验，能将自己的观察记录整理和绘制成小书进行交流、分享。
5. 感受残疾蝴蝶奋力振翅、顽强飞行的精神，养成不怕困难、坚持不懈的品质，激发尊重和善待生命的情感。

三、网络图

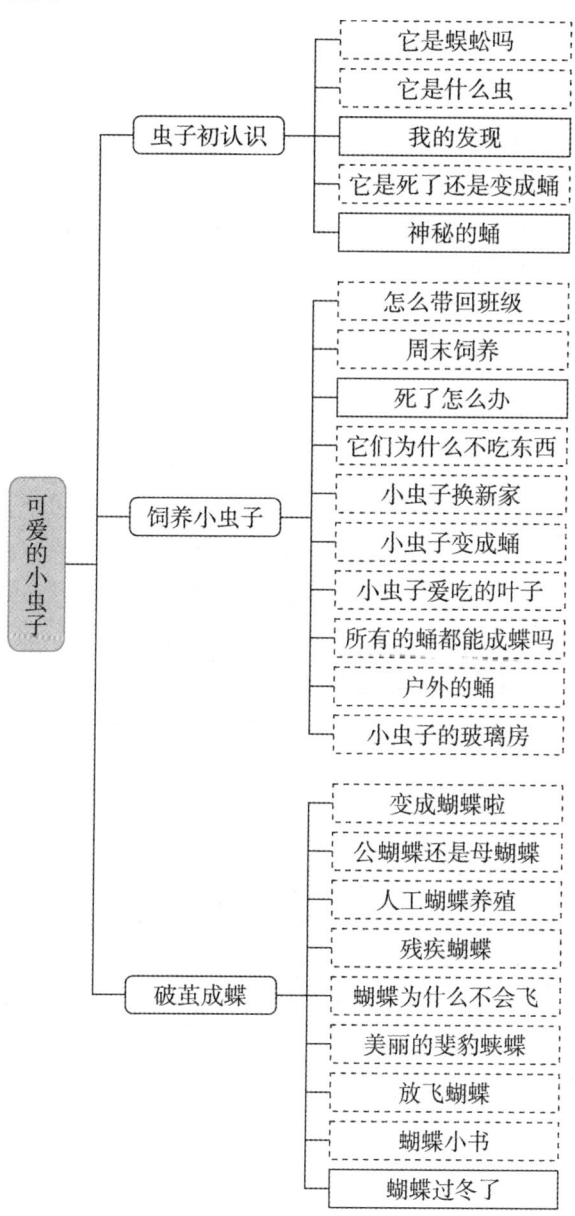

备注：实线部分为教师预设的活动，虚线部分为幼儿生成的活动

四、环境与资源

主题墙追随幼儿对小虫子的兴趣，逐步呈现了发现虫子——猜想虫子——饲养虫子——观察虫子生长变化等探究过程，使幼儿在与主题环境互动中，获得对小虫子外形特征、生活习性、生长变化等较为丰富的认知经验。围绕小虫子创设的观察角、阅读区、种植园、美工坊等活动区环境及材料，为幼儿提供了观察记录、查阅资料、交流分享、表达表现的机会，有益于培养幼儿主动学习、乐于探索的良好学习品质。

（一）环境创设

1. 主题墙。

饲养虫子　　　　　　小虫子大猜想　　　　　　小虫子变成蛹了

2. 活动区角。

观察角：斐豹蛱蝶的玻璃房　　　种植区：小虫子喜欢吃的堇菜

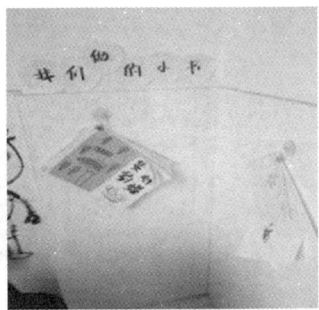

阅读区：蝴蝶图书、自制斐豹蛱蝶小书

美工区：我和斐豹蛱蝶的故事

（二）资源利用

1. 幼儿和家长一起收集关于蝴蝶的图书。

2. 请家长来园和幼儿一起种植堇菜。

五、典型案例

案例一

发现小虫子

周五下午户外活动的时候,孩子们在草地上发现了一种全身长满刺的黑虫子,于是讨论开了。

阳阳:"你们看好多虫子!这是什么虫子呀?"

彬彬:"是蜈蚣!蜈蚣就是黑黑的!"

乐乐:"我觉得它是一寸虫。"

小洁:"它身上有毛,肯定是毛毛虫!"

阳阳、小洁:"为什么今天会有这么多虫子?"

孩子们都来问教师,教师回答:"我也不知道,不过听说明后天会刮台风,也许小虫子在寻找安全的地方躲避吧。"

小洁:"那我们班级很安全,要不我们把它

我们发现了小虫子

们带回班级吧?"

教师:"好啊,这样我们就可以再找找看是什么原因啦。"

小虫子带回班级后,孩子们对虫子高度关注,每天晨间入园、自由活动时都会去看看小虫子。

[评析:幼儿固然好奇心强烈,兴趣广泛,但是他们的兴趣易转移,因此生成主题一方面需要教师追随幼儿的兴趣,另一方面也要教师很敏锐地发现这些短暂的兴趣、偶然的事件蕴含的课程价值。案例中教师采用的开放式的回应来支持儿童继续探究的愿望。"刮台风""寻找安全的地方""再找找是什么原因",这些话语既引发了幼儿的好奇心,又为幼儿的探究提供了一定的信息作为背景。假如教师直接回应幼儿"这不是一寸虫也不是蜈蚣",或者因为虫子令人毛骨悚然的外形而打消幼儿饲养的念头,随后幼儿可能会遗忘草地上的小虫子,而错失良好的教育契机,阻断了主题活动的生成。]

案例二

它叫什么名字?

关注小虫子几天后,孩子们对虫子叫什么名字很感兴趣。围绕这个问题,孩子们又讨论起来了。

娜娜:"是蜈蚣吗?"

教师:"怎么知道它是不是蜈蚣呢?"

阳阳:"老师,您帮我们用班上的电脑查一下蜈蚣长什么样子吧。"

教师上网查找了蜈蚣的图片。孩子们通过对比,知道这些虫子不是蜈蚣,因此验证了自己的假设是错的。这下孩子们犯难了,探究虫子名字的活动似乎遇到了阻碍。

教师:"我们平时看到一件不认识的东西,一般会怎么办呢?"

小思:"去找爸爸妈妈。"

天天:"我妈妈平时会拍照,然后上传到百度,就可以找到图片的内容。"

琪琪:"对,把照片拍下发给爸爸妈妈,让爸爸妈妈一起寻找答案。"

孩子们与家长一起比对照片,上网查找资料,终于确定这是斐豹蛱蝶的幼虫。

[评析:大班的幼儿问题意识强,对自然界的各种事物和现象都充满好奇,他们不但会刨根问底,而且能够自己探究寻找答案。在案例中,教师用开放性的提问——"怎么知道它是不是蜈蚣?""我们平时看到一件不认识的东西,一般会怎么办呢?"支持幼儿自己提出假设,迁移已有经验来解答问题,验证自己的假设。]

原来它叫"斐豹蛱蝶"

案例三

小虫子的"新家"

孩子们对小虫子越来越兴趣,每天入园时,观察角都挤满了看小虫子的孩子。

晴晴:"你让让,我还没看清楚呢!"

星星:"我才不,我还没看够!"

晴晴:"这么多小朋友都要看,可是容器又这么小不方便我们观察,要不我们给它们换一个新家吧!"

晨间活动结束后,教师组织孩子们讨论关于晴晴小朋友提出的"给小虫子换房子"的话题。

涵涵:"我想要找个心形的盒子做它的家,这样它会觉得特别有爱。"

菲菲:"我想要找个四四方方的大铁盒,这样它们可以更好地呼吸,而且就不会觉得

给小虫子的玻璃新家

这个家更宽敞

挤了。"

晴晴:"我觉得要透明的玻璃材质的容器,这样更方便我们观察。"

玥玥:"我们还要在它的房子里放一些花草,要不然它没东西吃。"

活动结束后,孩子们纷纷按照自己想法收集了各种材质的容器,用来作为小虫子的新家。

放些草吧

[评析:小朋友们开始关注小动物的基本需求,知道它需要呼吸,需要吃东西,能迁移已有经验感知物体的材料与功能之间的关系。教师抛砖引玉,将一位幼儿换新家的想法作为集中幼儿讨论的话题,引发幼儿对小虫子换新家展开了激烈的讨论,并鼓励幼儿将自己的想法变成实际行动,不仅解决了观察角拥挤不便观察的问题,也激发了幼儿持续观察的兴趣。]

案例四

小虫子爱吃啥?

因为饲养小虫子,班级教师特意购买了相关的书籍,了解斐豹蛱蝶的生活习性,教师没有急于与孩子们分享这些知识点,而是暗中观察。

晴晴:"咦?好几天了,我发现虫子根本不吃东西。"

菜菜:"对呀,对呀。我也没发现它们吃东西。"

芳芳:"难道它不用吃东西?"

菜菜:"不可能,不吃东西会死的,肯定是我们准备的花草它们不喜欢。"

晴晴:"它到底爱吃什么?"

琪琪:"要不我们出去玩的时候,带它们去散步,也许能发现它爱吃什么。"

户外活动时间到了,孩子们按照约定将装有小虫子的容器捧起带到户外。

到底喜欢吃哪种叶子?

星星:"这边叶子特别大,我觉得小虫子一定喜欢。"

方方:"我觉得这片叶子有很多水分,小虫子一定爱吃。"

琪琪:"我觉得这种带花的植物是它的最爱。"

我找到小虫子最爱吃的叶子

他们纷纷把不同的叶子放在容器里给小虫子吃,小虫子仍然不吃,只是爬到三色堇的叶子上动也不动。孩子们猜测它们一定喜欢三色堇。过了一会,一个孩子提议要不我们把一只小虫子请出来,看看它会往哪里爬。根据孩子们的想法,教师将几只虫子分别散放在草地上,孩子们分成小组进行观察。终于有一只小虫子爬到一颗植物上大口地咬着叶子,孩子们激动极了,说这只小虫子一定爱吃这种叶子。于是其他孩子也加入寻找同样叶子的队伍中,将采摘的叶子放到容器里给其他小虫子吃,果然小虫子们大口大口地吃着叶子。

看,它在吃!

晴晴:"老师,你知道这种叶子叫什么吗?"

教师:"我不知道耶。"

玥玥:"老师,你可以下载一个叫'形色'的软件,我妈妈手机就有这种软件,拍一下图就可以知道它叫什么了。"

教师按照孩子们说的下载了识别软件,然后拍一张图上传识别,系统显示这种植物叫堇菜。孩子们开心极了,终于知道小虫子爱吃的植物,于是孩子们提议要给小虫子换一个更大的房子,里面种满堇菜。

一起来种堇菜

[评析：教师没有用所谓权威的书中答案告诉幼儿，而是充分调动幼儿的多方面感官，给幼儿探究、讨论的机会，让幼儿操作和发现。活动中小朋友们大胆猜想、验证自己的想法，并能想办法找出小虫子喜欢吃的堇菜叶，进而引发小朋友们为小虫子设计更适合居住的"房子"。]

案例五

小虫子死了吗？

又过了一个周末，有孩子发现有只小虫子变了样。

兰兰难过地问："这只虫子是不是死了？"

阳阳："不是，它是变成蛹了。"

菜菜："你们看！它身上怎么长出了亮片？这到底是什么？我们回去查查资料吧。"

正当孩子们讨论地激烈，有一个孩子发现了它的尾巴一直在摆动。原来，它并没有死，那会是什么呢？

小虫子变成蛹了

此时，教师也参与到他们的讨论中。

教师："你们知道这是什么了吗？"

阳阳："是变成蛹了，我爸爸告诉过我。"

教师："那你们刚才说的亮片总共有几个？每只虫子变成蛹都会这样吗？我们可以把今天观察到的用纸和笔记录下来，方便我们下次进行比较。"

［评析：在活动中，孩子们观察到虫子的变化，对虫子是否死亡展开了讨论。教师及时捕捉到幼儿兴趣背后的教育价值，对于幼儿提出的问题，教师没有急于告知答案，避免了变相灌输，促使幼儿积极动脑，想办法寻找答案。另外，教师给予幼儿充分讨论、交流的时间，让幼儿相互交流、相互启发，大大激发了幼儿的兴趣。在幼儿得到答案后，教师再介入，激发幼儿持续观察的兴趣，引导幼儿进行记录。］

案例六

记录斐豹蛱蝶的成长

晴晴："它的尾巴最近怎么不动了？"
方方："我发现蛹的颜色越来越深了。"
玥玥："我发现它这两天不吃东西了。"
菜菜："你看，这只悬挂在树枝上了。"
琪琪："我们一起把观察到的画下来吧。"
教师将笔和纸投放在观察角，孩子们自主观察并记录。一周后教师将孩子们的记录在集体中进行分享，并将已经毕业的大班孩子们的观察记录与现在的记录进行比较。

咦，它怎么了？

我们的记录

方方："老师，我们的记录有的要花费好长时间，如果用一些符号表示，记录的速度就会更快。"

琪琪："我也觉得。我们要学会用一些简单的符号。"

玥玥："我们平时看书都有顺序，可是我们的记录我觉得好乱，不知道哪张是前哪张是后。"

晴晴："以后我们的记录最好要写上日期，这样就知道前后顺序了。"

随着幼儿记录的材料越来越多，他们又将这些材料进行整理，做成小书，全面展现了斐豹蛱蝶的成长过程。

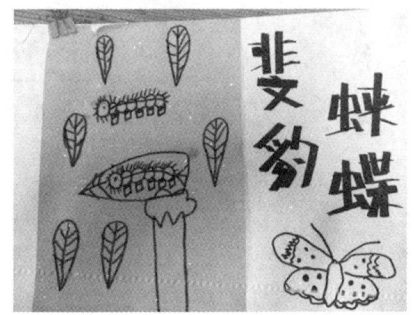 

我们的"斐豹蛱蝶"小书

[评析：当虫子陆续变成蛹后，幼儿对虫子能否变成蝴蝶、怎么变成蝴蝶充满了好奇。教师提供纸和笔，引导幼儿自主观察并记录。刚开始，幼儿由于不能区分记录和绘画，他们的记录画面丰富但非常耗时，一方面幼儿不能在一个单位时间完成记录，另一方面幼儿难以分清客观观察到的现象和他们的想象，常将自己想象中的情景也记录上去。此外，教师发现还存在记录的纸张随意叠加在一起、翻阅时没有条理的问题。基于这样的情况，教师通过教学活动给幼儿展示了已经毕业的大班幼儿的观察记录，通过比较，幼儿了解到观察记录必须要客观、连续、有重点等。教师还利用晨间活动或者午饭前的时间，请参与记录的幼儿分享自己的记录，不仅提升他们的语言表达能力，还能通过伙伴和教师的评价逐步获得记录的方法，使观察记录更有序。经过了一段时间，随着幼儿的记录越来越多，教师引导幼儿进行归整，使观察记录更有序，并帮助幼儿将记录做成了蝴蝶

小书,一方面很好地帮助幼儿对斐豹蛱蝶的成长进行了概括总结,另一方面也记录了幼儿科学观察能力、生命科学关键经验的发展过程。]

案例七

蝴蝶之死

终于等到了蛹变成蝴蝶的那一天,或许因为喜爱蝴蝶,或许因为养了这么长时间舍不得它离开,孩子们都不愿意放飞蝴蝶。

过了几天,孩子们发现一只蝴蝶的一边翅膀有褶皱,猜想它应该受伤了不会飞,更加坚定了不放飞蝴蝶的念头,并争着说:"我们来照顾它。"他们找

小虫子变蝴蝶啦!

了很多资料到班级分享,希望能养活这只折翼的蝴蝶。然而,两天后蝴蝶还是死了,孩子们都很难过,也引发了蝴蝶为什么会死、如何埋葬蝴蝶的讨论。

琪琪:"我家的金鱼死了,妈妈是埋在土里的,要不我们也把蝴蝶埋土里。"

小洁:"我们要把它埋在班级门口的花坛里,这样我们能经常看望它。"

彬彬:"我们还要写上'大二蝴蝶',这样别人看到就知道了。"

阳阳:"一定是它长大了,这个家已经住不下,它才会死的。"

过了几天,又有蛹成蝶了。

兰兰:"这只蝴蝶真漂亮!"

菜菜:"过两天去生态园秋游,那里应该比较适合它,我们带它去放

放飞斐豹蛱蝶

飞吧。"

或许经历了上次蝴蝶的死亡，孩子们意识到大自然才是真正适合蝴蝶生长的地方，这次他们主动提出放飞蝴蝶。

［评析：教师追寻幼儿的兴趣，开展了"埋葬蝴蝶""讨论蝴蝶之死""放飞蝴蝶"一系列活动，幼儿对虫子的基本需求、虫子与环境的相互作用有了一定的了解，能用自己的行动来爱护死去的蝴蝶。不仅如此，当他们看到草地上被踩死的虫子后，还制作了爱心提示牌，希望大家在草地上玩的时候不要踩到小虫子，萌生出对生命的关怀。］

案例八

"残疾"的蝴蝶

今天，孩子们又发现一只蝴蝶破茧而出，它两边翅膀都有褶皱。

晴晴："它太恶心了，怎么长成这样？"

菲菲："我不喜欢它长这样子。"

小泽："这只蝴蝶翅膀好丑啊！把它扔了吧！"

孩子们觉得它外表丑陋，连续两天都没有人去关注这只蝴蝶。于是教师悄悄拍摄了这只蝴蝶奋力振翅、练习飞行的视频，然后让孩子们看视频，感受蝴蝶为了能飞起来，那种坚持不懈的拼搏精神。蝴蝶强大的求生意志感染了孩子们，他们齐声喊着加油，给蝴蝶鼓劲。

不会飞的蝴蝶

教师："我们生活中有没有见过像这只残疾蝴蝶一样，虽然身体上有残疾，但是仍然很努力的人呢？"

菲菲："有，我在路上有见过用手臂转动轮椅的残疾人。"

芳芳："我在路上有见过盲人唱歌，唱得很好听。"

小泽："我在电视里看过残疾人运动会。"

教师引导孩子们讲述见过的残疾人是什么样子的，观看残疾运动员身残志坚奋力拼搏的视频，感受他们的乐观精神，通过"假扮体验活动"感受残疾人生活的艰辛等，从而激发孩子们关爱他人、具有同情心。

［评析：教师从关注不能正常飞行的蝴蝶努力学飞的个案，引发子主题活动"关注残疾人"，激发幼儿珍惜现在的生活，懂得每个生命的重要性，培养了他们的爱心和责任感。此外，幼儿还学习乐观对待困难，爱护弱势群体，平等对待生命。］

六、反思与感悟

关于蝴蝶的主题活动始于户外散步时发现的小虫子，终于对幼儿的情感教育、生命教育。在教师的精心设计和孩子们的积极参与下，小虫子引燃"蝴蝶效应"，带动幼儿对生命的变化发展、消亡产生链式反应，在真实情境中学会尊重生命、呵护生命。孩子们不仅收获了有关的知识技能，也习得了良好的学习品质，更加懂得珍惜生命，关爱他人。这也说明了幼儿的深度学习不是单一维度的，而是各领域彼此关联、相互影响、共同发展的网络。我们希望通过越来越多的精彩主题教育，最大限度地支持和满足幼儿通过直接感知、实际操作和亲身体验，获取丰富的经验，使幼儿乐享童年，身心全面协调发展，具备终身学习与发展必需的宝贵品质。